Anticapitalismo

La nueva generación de movimientos emancipatorios

PARA PRINCIPIANTES

Ezequiel Adamovsky · Ilustradores Unidos

ERA NACIENTE
Documentales Ilustrados

Los anticapitalistas

En sentido amplio, anticapitalistas somos todos aquellos que sentimos que la mayoría de los sufrimientos del mundo son producto de un *sistema social* injusto: el *capitalismo*. Si bien muchos hombres y mujeres resistieron contra ese sistema desde que empezó a formarse, hace ya muchos siglos, sólo en los últimos doscientos años esa resistencia se hizo *consciente*. Desde entonces, en muchos lugares y de muchas maneras, los anticapitalistas venimos luchando por otra sociedad diferente.

Para entender el *anticapitalismo*, primero hay que comprender qué es el capitalismo.

¿Qué es el capitalismo?

El capitalismo es, antes que nada, un *régimen social*, es decir, una *forma* de organización de la vida social. Para que los hombres y mujeres puedan vivir juntos, toda sociedad debe tener en común las "respuestas" a una serie de "preguntas".

Estas "preguntas" pueden responderse de muchas maneras; un *régimen social* es el sistema de "respuestas" que organiza una sociedad. A lo largo de la historia, los seres humanos han organizado su vida en común de muchas maneras distintas. El capitalismo es tan sólo una de esas *formas históricas*, y una bastante reciente: comenzó a formarse hace apenas unos quinientos años.

Una sociedad opresiva

En la historia existieron muchas sociedades más o menos *igualitarias*. Pero el capitalismo es un *régimen social opresivo*. Un régimen es *opresivo* cuando existe un grupo de personas que tiene *poder* sobre el resto, y lo tiene en forma más o menos permanente. Tener *poder* significa tener la capacidad de conseguir que otras personas obedezcan y hagan tal o cual cosa, incluso si eso les produce sufrimientos. Los "oprimidos" pueden obedecer a los "poderosos" *por la fuerza*, aunque en general lo hacen porque la *cultura* en la que fueron educados les enseñó que eso es lo correcto, o que es la única forma posible de vivir. Existen distintos tipos de opresión, de acuerdo a cómo se distribuye el poder entre las personas.

Existe una opresión de género, *por ejemplo, cuando los varones ejercen poder sobre las mujeres, haciendo que ellas trabajen para ellos, que reciban menos beneficios, o que se comporten de formas que a ellos les agraden. Esta forma de opresión, llamada* patriarcado, *existió en la mayoría de los regímenes sociales del pasado, y todavía es predominante hoy.*

Otras formas de opresión pueden establecerse entre grupos étnicos, por ejemplo, cuando los blancos dominan a los negros, los cristianos a los musulmanes, o una nación a otra, por el solo hecho de considerarse *superiores*.

Una sociedad de clase

Pero el capitalismo es un régimen opresivo *de clase*. Esto significa que existe una clase de personas –la *clase dominante*– que, por el lugar que ocupan en la sociedad, por las funciones o atributos que tienen (o que *dicen* tener), poseen el poder de *dominar* a los demás. Esto no quiere decir que bajo el capitalismo las otras formas de opresión hayan desaparecido: la opresión *de clase* puede combinarse con la opresión *racial* o *de género*, e incluso puede reforzarlas.

El poder *de clase* puede *instituirse* de muchas maneras, es decir, puede justificarse y organizarse a través de variadas instituciones, normas, hábitos e ideas. En la Edad Media, por ejemplo, los señores feudales eran considerados *nobles* por nacimiento, y se adjudicaban la función de defender a la población de las guerras; por eso, los campesinos debían pagarles tributo o trabajar gratis para ellos.

En la India, se suponía que ciertas personas eran descendientes de dioses muy importantes, y que por eso formaban una *casta* superior, y las *castas* inferiores debían servirlos.

En la Unión Soviética, los funcionarios y los jefes políticos sostenían que ellos tenían el *conocimiento* y la *autoridad* para manejar la sociedad, y por ese motivo debían ocupar un lugar privilegiado.

En todos esos casos, la sociedad había desarrollado todo un sistema de instituciones, normas y creencias para organizar, legitimar y proteger el poder de la *clase dominante*. Pero el poder de clase *capitalista* se *instituye* de una forma novedosa. La sociedad capitalista es la primera en la que el poder de la clase dominante no se define por el nacimiento o por la pertenencia a algún círculo cerrado, sino fundamentalmente (aunque no solamente) por distinciones *económicas* entre las personas.

Las clases sociales bajo el capitalismo: la burguesía

La *clase dominante* bajo el capitalismo –la llamada *burguesía*– se define por la cantidad y el tipo de *recursos económicos* que controla.

La burguesía se *adueña* de los medios de producción mediante la *propiedad* de la tierra, las empresas, las maquinarias, el dinero, los bancos, etc. Pero a veces también consigue *controlar* los recursos económicos sin necesidad de ser su *propietaria*, por ejemplo, cuando las acciones de una empresa están repartidas entre miles de pequeños propietarios, pero sólo un grupo de grandes empresarios *controla* la administración.

Para asegurarse el dominio de los recursos económicos, la burguesía también necesita manejar otros recursos: ciertos puestos políticos, académicos y judiciales, los medios de comunicación, y otros.

> *La clase dominante se define entonces como el grupo que directa o indirectamente controla los recursos económicos y no económicos fundamentales de una sociedad. A través de ese control logra obtener poder sobre los demás.*

Una característica distintiva del capitalismo es que las clases no están separadas de una vez y para siempre; los límites entre las clases son *móviles*, y las separaciones entre ellas *no parecen abruptas*. Aunque hay una división innegable entre quienes controlan los recursos fundamentales y los que no, las clases aparentan ser un *continuo* de grados de riqueza, que va desde los más ricos a los más pobres sin "saltos" abruptos. Aunque sólo unos pocos pueden ocupar el lugar de clase dominante, cada individuo suele sentir que siempre es posible subir *un escalón más arriba*.

Las clases subalternas

Con frecuencia, los anticapitalistas discuten estas cuestiones fervorosamente, porque suponen que cada uno actúa políticamente de acuerdo con la clase a la que pertenece. Entonces, identificar de qué clase es uno y con qué clase aliarse, resultaría crucial para hacer política. Esto es correcto hasta cierto punto. Pero también lo es que las personas concretas han tomado toda clase de decisiones políticas que no parecen "corresponder" con su supuesta situación de clase: profesionales y almaceneros han sido grandes revolucionarios, y obreros han sido grandes conservadores.

En realidad, fuera de la *clase dominante*, distinguir clases sociales puede ser algo engañoso, si uno las piensa como si fueran *entidades* más o menos fijas. El capitalismo *no es un sistema estático* caracterizado por la división de clases, sino un *proceso constante* y *cotidiano* de *separación* de las personas en clases diferentes.

Separar a las personas en *clases* es cosa del capitalismo: es una máquina de crear divisiones entre las personas y de impedir que puedan juntarse. Fuera de la *minoría* de la población que se beneficia *directamente* de la opresión de las demás, no tiene mucho sentido que *nosotros* tracemos distinciones entre clases, como si fueran compartimientos estancos o entidades separadas en sí mismas.

Por supuesto, existen los obreros, campesinos, estudiantes, cuentapropistas, etc., y cada grupo tiene particularidades innegables que pueden afectar la forma en que perciben el mundo y se relacionan con la política. Pero de lo que se trata no es de encontrar las diferencias que los *separan en clases distintas*, sino aquéllo que tienen en común y que puede unificarlos. No hay dudas de que algunos sectores sociales pueden "acomodarse" mejor que otros y evitar algunos de los peores sufrimientos que el sistema produce; y quizás ello los haga tener opiniones menos radicales.

Lucha de clases: la crisis inherente del capitalismo

Como sociedad *de clase*, el capitalismo lleva en el corazón una tensión permanente: la *lucha de clases*. Así como la opresión y la explotación están presentes en cada rincón de la sociedad, también la *resistencia* lo está. El capitalismo implica no sólo la explotación económica, sino también despojar a las personas de su capacidad de *hacer*, de su libertad de moverse, de la posibilidad de *decidir* autónomamente el modo en que quieren vivir. Pero por eso mismo, el capitalismo enfrenta una resistencia constante, una lucha por escapar de la explotación y la opresión, y por recuperar la capacidad de hacer y decidir libremente. La *lucha de clases* es este combate constante entre la opresión y la voluntad de librarse de ella. Puede ser más o menos consciente, visible o "ruidosa", pero siempre está allí.

La lucha de clases está cuando un obrero hace huelga, pero también cuando abandona su trabajo en busca de un patrón menos explotador. Está en una gran rebelión, pero también cuando uno trabaja lento y a desgano. Está en las acciones colectivas y conscientes –por ejemplo, una campaña de ecologistas contra la destrucción del ambiente que producen las empresas–, pero también en las individuales o inconscientes –como el joven que busca una carrera que le permita ser independiente (es decir, no convertirse en asalariado).

La lucha de clases *obliga* al capitalismo a desarrollar permanentemente nuevas formas de oprimir, explotar y dividir a las personas, que siempre se las arreglan para encontrar nuevas formas de juntarse, escapar a la opresión, y ganar espacios de libertad.

Karl Marx
(1818-1883)

Por eso mismo, el poder de la clase dominante suele ser inestable y frágil, y necesita *re-instituirse* todos los días. El capitalismo es un sistema que *vive en una crisis inherente* y continua. Aunque existen explicaciones técnicas particulares, la causa detrás de todas las crisis económicas periódicas que sufre el sistema *somos nosotros*, nuestra capacidad de escaparnos, de resistir y de rebelarnos contra el poder capitalista.

Propiedad privada

Bajo el capitalismo, la clase dominante *instituye* su poder por medio de una serie de creencias e instituciones que permanentemente deben cambiar, adaptarse, o son eliminadas por la lucha de clases. Pero hay algunas que son relativamente estables. Una de las más importantes es la *idea* de que algunos recursos que existen en el mundo pueden ser *propiedad privada*.

La propiedad de algo es privada *cuando alguien ha* privado *o despojado a los demás de la posibilidad de utilizarlo.*

La propiedad privada no es algo nuevo: desde tiempos inmemoriales existieron derechos *exclusivos* sobre ciertos bienes: un parcela de tierra, los instrumentos de trabajo, etc. Pero bajo el capitalismo ese tipo de derechos se extendió hasta abarcarlo casi todo. Miles de hectáreas y varios lagos pueden ser hoy *propiedad privada*, junto con puertos, empresas, canciones, ideas, genes, o millones de dólares en un banco. A algunas personas también se les permite *apropiarse* gratis de las pocas cosas que todavía no son privadas. Por ejemplo, una empresa puede contaminar el aire *de todos*, y ocupar nuestro espacio visual con propagandas. El capitalismo es una máquina de privatizar.

Mercancía, salario y mercado

Otra institución fundamental del capitalismo es la *mercancía*. Mercancía es todo aquéllo que se produce para vender y obtener una ganancia. También existió desde siempre la compra-venta de objetos en espacios que se llamaban *mercados*. Pero bajo el capitalismo *todo* el espacio tiende a transformarse en *un gran mercado*, y casi todo se transforma en mercancía *vendible*. No sólo un pescado o una vasija, sino también la salud y la educación, la información y la seguridad. Para poder acceder a todo lo que se va *privatizando*, cada vez más es necesario *comprarlo*. Incluso el *tiempo* de las personas se ha transformado en *mercancía*.

Un empresario hoy puede *comprar tiempo de trabajo*, para utilizarlo en su propio beneficio a cambio de un *salario*. La diferencia entre el *valor* de lo que el trabajador produce con su trabajo y lo que recibe como *salario*, es lo que se llama *plusvalía*. Bajo el capitalismo, la *clase dominante* se apropia de la plusvalía que los trabajadores y la sociedad producen.

En las sociedades precapitalistas, la clase dominante se contentaba con exigir un impuesto o tributo a la población, sin pretender controlar también *su tiempo*. Bajo el capitalismo, la clase dominante no "obliga" a nadie a pagar tributo, ni a trabajar para ella.

Karl Marx

El *capitalismo* podría ser definido, entonces, como toda una serie de hábitos, leyes e instituciones políticas y económicas, y toda una *cultura*, que garantizan y legitiman el hecho de que algunas personas puedan *privar* a las demás del acceso a casi todo tipo de recursos, y que puedan *usar* a los demás para su propio enriquecimiento. Adueñándose del *trabajo* de los demás, la clase dominante produce *mercancías* para vender luego en el *mercado*. Así obtiene una ganancia que le permite *acumular* cada vez mayores riquezas, para mantener y acrecentar con ellas su *poder*.

La "acumulación originaria"

Antes del capitalismo, la gran mayoría de los hombres y mujeres disponía de sus propios *medios de producción* –tierras, animales e instrumentos de trabajo– o los compartía colectivamente con sus vecinos. En esa época nadie habría aceptado vender todo *su tiempo* de trabajo a otra persona sólo para sobrevivir: no había ninguna *necesidad* de tal cosa.

En esa época, ni el tiempo ni el trabajo eran considerados una *mercancía*. Por eso, la instauración del capitalismo requirió un largo proceso de *expropiación* de los medios de producción de manos de los productores directos, de las riquezas y los recursos de pueblos enteros, y de la capacidad de las personas de vivir de acuerdo con sus propias decisiones o costumbres.

Ese proceso de expropiación es lo que se llama *acumulación originaria*. En términos históricos significó, entre otras cosas, la expulsión de miles de campesinos de sus tierras en Europa y otros lugares, para obligarlos a convertirse en obreros.

También significó el saqueo colonial de las riquezas de todo el mundo durante siglos, la imposición de sangrientos gobiernos coloniales, el aniquilamiento de grupos étnicos enteros que se negaron a someterse, etcétera.

Hay quienes creen que la *acumulación originaria* fue sólo un período inaugural del capitalismo, una especie de "puntapié inicial". Otros opinan que, en realidad, el capitalismo es una larga y constante *acumulación originaria* que sólo terminará cuando termine el propio sistema. En cualquier caso, está claro que el capitalismo es un régimen social *fundado sobre la violencia*.

Un sistema mundial y expansivo

Aunque empezó a surgir en Europa hace sólo cinco siglos, el capitalismo pronto ocupó la totalidad del planeta; su *lógica expansiva* parece no tener límites.

La posibilidad de expansión es fundamental para el capitalismo: es su forma de resolver su *crisis inherente*. Sin expansión, simplemente se derrumbaría.

Los Estados nacionales

A lo largo de su historia, el capitalismo se ha expandido creando instituciones y formas sociales que antes no existían. Una de sus primeras creaciones fueron las fronteras y los *Estados-nación*.

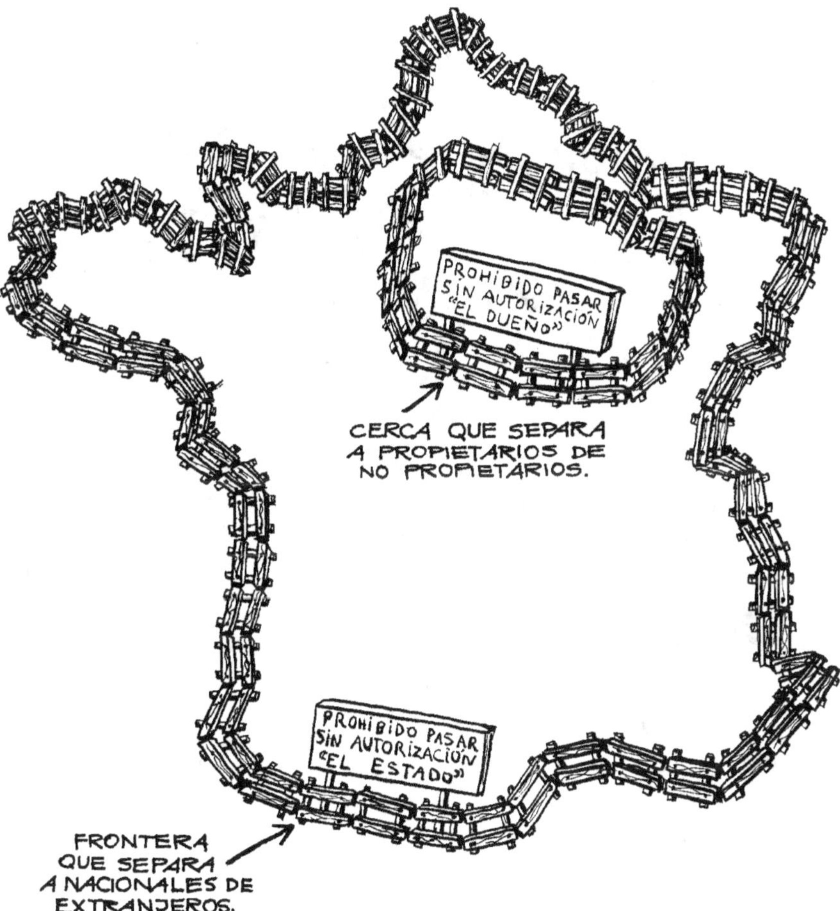

La noción de que *una* autoridad política debe *coincidir perfectamente* con un espacio geográfico claramente delimitado por *fronteras* es una invención del capitalismo; antes, esta nación no existía.

También es nueva la idea de que los espacios ocupados por un Estado deben coincidir con una *nación*, es decir, con un grupo de habitantes con una cultura y una identidad más o menos homogéneas.

Eric Hobsbawm (1917-)

La construcción de las naciones también supuso *separar* a los habitantes de los distintos espacios "nacionales". Cruzando una de las nuevas *fronteras*, las personas pasaban a ser *extranjeros* y a perder muchos de sus derechos. Todo este trabajo de *uniformización* y al mismo tiempo de *división* de las personas llevó varios siglos de guerras y *violencia estatal*.

El capitalismo inventó los Estados-nación para establecer un *mercado interno unificado* que los empresarios pudieran aprovechar sin restricciones. También sirvieron para *controlar mejor a la población*, y para aprovechar las *oportunidades de expansión* colonial.

El imperialismo

Un segundo ciclo de expansión fue hacia los territorios "descubiertos" a partir del siglo XV. A través del *imperialismo* y el *colonialismo*, las nuevas naciones capitalistas se apropiaron cada una de enormes regiones y obligaron a sus habitantes a ponerse a su servicio.

Movidos por el ansia de ganancias, los funcionarios y empresarios capitalistas saquearon el oro y la plata de América, esclavizaron a millones de africanos, explotaron a trabajadores chinos, expropiaron a campesinos de la India, y otras muchas tropelías semejantes, durante 500 años. Las compañías comerciales, junto con los Estados-nación, fueron las principales instituciones que lideraron esta expansión.

El imperialismo también produjo una *uniformización* del mundo. Por ejemplo, se intentó *asimilar* a los pueblos colonizados a sus colonizadores, imponiéndoles las lenguas y la cultura europeas. Pero también se *dividió* nuevamente a las personas de acuerdo con criterios de nacionalidad, religión o color de piel. Todos los no-blancos pasaron a ser considerados "inferiores", aptos para ser sobreexplotados y esclavizados. La etapa del *imperialismo* también estuvo marcada por la guerra y la violencia de Estado, y enormes sufrimientos para la mayor parte de la humanidad.

La globalización

La tercera etapa expansiva del capitalismo es la actual, que algunos llaman de *globalización*. Globalización económica significa un grado mucho mayor de integración de la producción a escala planetaria: cada parte de un mismo producto es fabricada en rincones diferentes del planeta, y las propias empresas se organizan de forma *transnacional*.

En esta fase, el *imperialismo* y las *naciones* ya han cumplido buena parte de su misión, y nuevas instituciones van surgiendo para profundizar la expansión capitalista. Las *inversiones* y las *empresas transnacionales* necesitan moverse *libremente* sin ser afectados por ninguna *frontera nacional*, y para ello es necesario *uniformizar* ciertas reglas de funcionamiento económico en todo el mundo, y con ellas ciertas *pautas culturales* de todas las naciones.

Los estados nacionales ya no alcanzan para cumplir con esas tareas y, por el contrario, van perdiendo poder. Para complementarlos, van surgiendo instituciones transnacionales privadas y (supuestamente) públicas que regulan y organizan la vida a escala global.

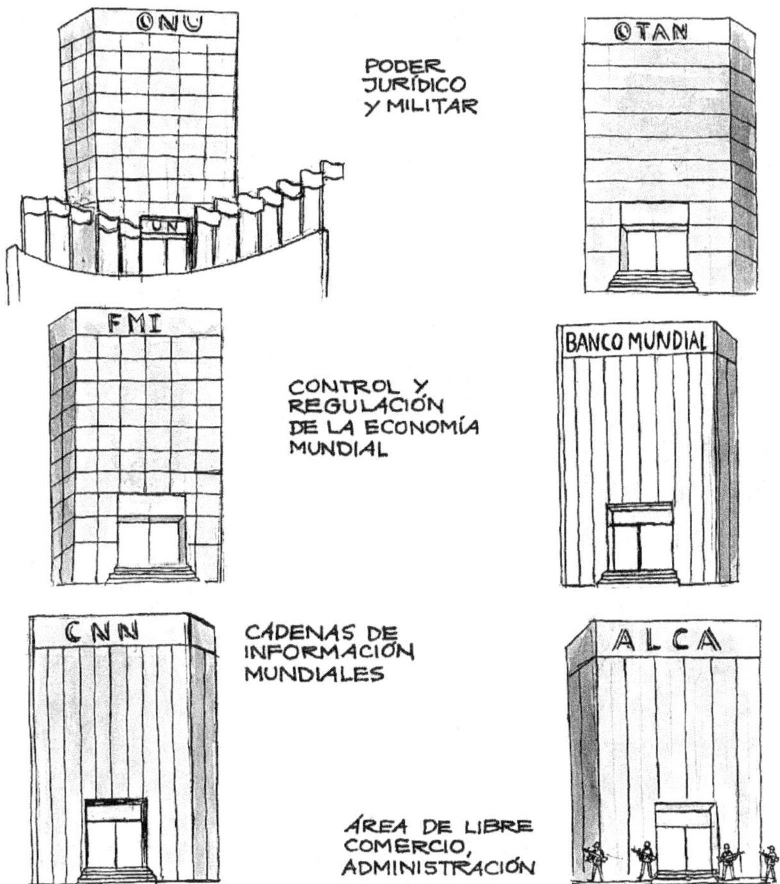

Algunos autores, como Michael Hardt y Antonio Negri, anuncian que el capitalismo se está "desterritorializando" y convirtiendo en un *Imperio* global, donde las distinciones entre el *centro* y la *periferia* se vuelven cada vez más borrosas.

Expansión interna

Pero el capitalismo no sólo se ha expandido hacia el *exterior*. También lo hace hacia el *interior* de las regiones que ya son capitalistas, intensificando aún más su presencia. Ríos y mares, plazas y parques, escuelas y universidades, teatros y espectáculos, están cada vez más *mercantilizados*, invadidos por la presencia de la *publicidad* en cada rincón, y la dependencia de los *sponsor*.

Cada vez hay menos *espacios públicos* atractivos y seguros, por lo que la gente se ve forzada a optar por espacios *privados* y *mercantilizados*. Algo tan simple como un paseo por la plaza y la calle principal del pueblo tiende a reemplazarse hoy por una visita a un *shopping*.

El capitalismo también *invade los espacios y los productos naturales* y los reemplaza por otros privados y "artificiales". A las semillas naturales que cualquiera puede utilizar las reemplaza por semillas transgénicas que deben comprarse a un laboratorio. De una granja hace una "fábrica de huevos" y una "fábrica de hortalizas" bajo techo. También *penetra* cada vez más *en nuestras mentes y nuestra vida privada*, de modo que trabajemos cada vez con mayor *intensidad* y por *menor remuneración*, y sólo podamos utilizar nuestro tiempo de modo que produzca *ganancias*.

La expansión —externa o interna— es fundamental para que el capitalismo pueda sobrevivir a su crisis interna permanente.

¿Y el Estado?

Una de las cuestiones del capitalismo más difíciles de entender es qué es el Estado y cómo funciona. Los anticapitalistas siempre percibieron que el Estado no era "neutral", sino que estaba *del lado de la clase dominante*.

Karl Marx

Mikhail Bakunin (1814-1876)

Pero surgieron dudas cuando en el siglo XX comenzaron a aplicarse las políticas "de bienestar". Los trabajadores percibían que el Estado podía dictar leyes importantes en su beneficio, incluso si éstas perjudicaban a los más poderosos. Entre los anticapitalistas comenzó entonces un intenso debate, que todavía continúa: ¿hasta qué punto el Estado *depende* de la clase dominante? ¿Tiene algún grado de "autonomía"?

Las mayores confusiones en estos debates vienen de aceptar la distinción que hacen los liberales entre Estado y sociedad, *como si fueran dos cosas* separadas. *Está bien distinguir uno y otro a efectos de comprender mejor; pero no hay que olvidar que el Estado es* parte integral *de la sociedad capitalista: es una de las* funciones *de lo social.*

Garantizar la acumulación

La *función estatal* tiene que ver al menos con dos aspectos: garantizar la *acumulación* económica a largo plazo y asegurar la *legitimidad* del sistema. Sin el Estado, los capitalistas individuales no podrían asegurar la continuidad de la *acumulación* de ganancias. Por ejemplo, librados a sí mismos, sin *regulación* estatal, los empresarios pesqueros pescarían hasta acabar con todos los peces.

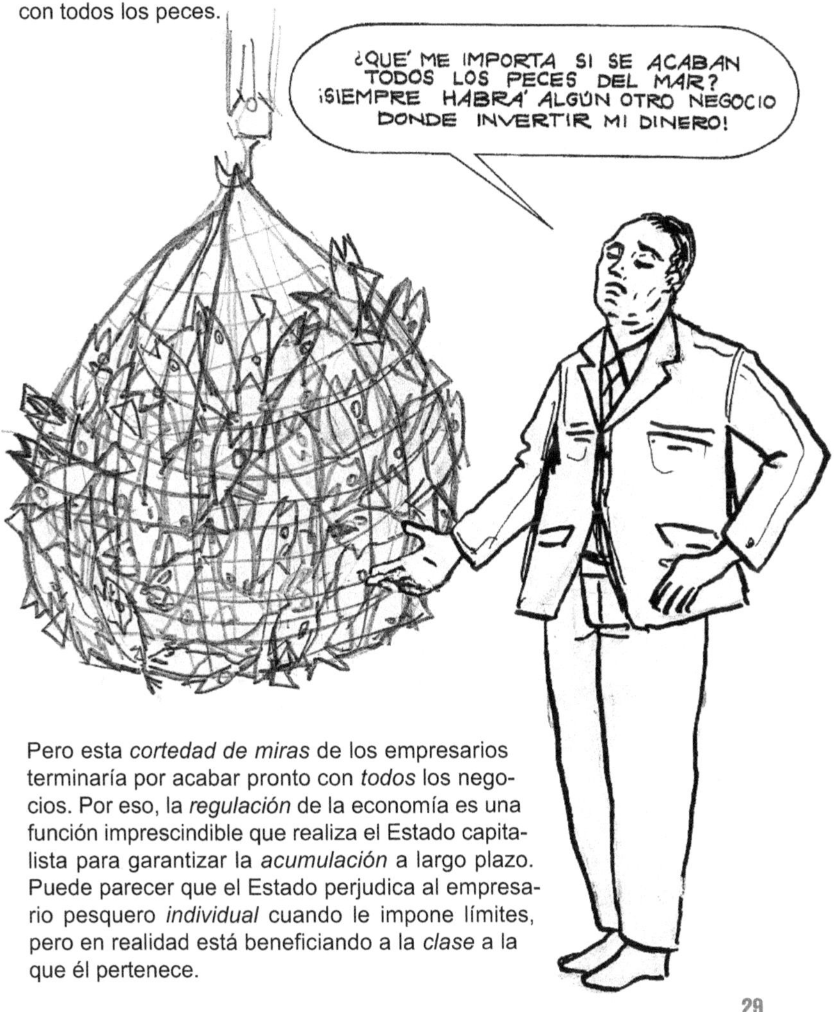

Pero esta *cortedad de miras* de los empresarios terminaría por acabar pronto con *todos* los negocios. Por eso, la *regulación* de la economía es una función imprescindible que realiza el Estado capitalista para garantizar la *acumulación* a largo plazo. Puede parecer que el Estado perjudica al empresario pesquero *individual* cuando le impone límites, pero en realidad está beneficiando a la *clase* a la que él pertenece.

Asegurar la legitimidad

Como el capitalismo está amenazado permanentemente por la lucha de clases, el Estado también tiene la *función* de encargarse de que la sociedad capitalista sea percibida como *legítima*. Si la mayoría de la gente opinara que *todo el sistema* es *ilegítimo*, entonces el capitalismo se derrumbaría con facilidad. Cuando la *legitimación* falla, el Estado es también el encargado de la *represión*. Pero ningún sistema sobrevive por mucho tiempo si está basado *sólo* en la represión: el Estado debe asegurar siempre la *legitimidad* de la sociedad capitalista.

Por eso, el Estado necesita mantener a toda costa una *apariencia de neutralidad*. Aunque sea capitalista de principio a fin, el Estado necesita aparecer como *independiente*, *autónomo* de cualquier presión de los poderosos. Es por eso que, en muchas ocasiones, el Estado incluso dicta leyes que pueden perjudicar los intereses de corto plazo de aquéllos. Es esta *apariencia* de neutralidad la que confunde a muchos de los que tratan de entender cómo funciona el Estado.

El Estado es una de las funciones de lo social

Decir que el Estado es *una de las funciones de lo social* significa que no se puede separar *Estado* y *sociedad*, como no podría separarse el cristalino de un ojo sin que el ojo dejara de ser un ojo. Aunque el Estado sea una parte *especial* de la sociedad, ésta no existe sin aquél. Como parte integral de la sociedad, el Estado adopta la *forma* de la sociedad capitalista a la que pertenece. Los cambios en la sociedad se traducen, a la vez, en cambios en el Estado, y los cambios en éste habitualmente suponen cambios en aquélla. Y así como la lucha de clases va *moldeando* permanentemente cada rincón de la sociedad, también lo hace con el Estado. Por ejemplo, cuando el Estado promulgó la jornada laboral de ocho horas, ello no fue meramente un cambio *desde el Estado*, sino también un cambio *de la sociedad*.

La ley de las ocho horas –que indudablemente perjudicaba los intereses de corto plazo de los empresarios– reflejó la mayor fortaleza que los obreros habían logrado construir respecto de la clase dominante. El Estado tuvo que promulgar esa ley para asegurar la legitimidad del sistema, que estaba en peligro ante el fortalecimiento de las luchas anticapitalistas.

El Estado deriva de la sociedad

Por todo esto, la izquierda tradicional tenía razón acerca del Estado, aunque por los motivos equivocados. Es cierto que el Estado no es "neutral": es *completamente* capitalista en la medida en que la sociedad a la que pertenece lo es. No tiene ningún grado de "autonomía" respecto de la sociedad (ni siquiera "relativa"). Pero no es cierto que sea tan *sólo* un *instrumento* que los capitalistas usen a su antojo. La lucha de clases puede cambiar aspectos importantes de la forma del Estado y sus funciones, en la misma medida en que puede hacerlo con otros aspectos de la sociedad. El Estado *deriva* de la sociedad a la que pertenece, y de la forma en que la lucha de clases la ha ido moldeando.

Una máquina de separar y jerarquizar

El Estado capitalista es también una máquina de *separar* a las personas y de *jerarquizar* los derechos que éstas tienen. En primer lugar, separa a los seres humanos en una multitud de *soberanías políticas* distintas, es decir, en *países* bajo Estados distintos, separados por *fronteras*. Los ciudadanos sólo tenemos *derechos* políticos dentro de nuestro propio Estado-nación, y los perdemos si cruzamos la frontera.

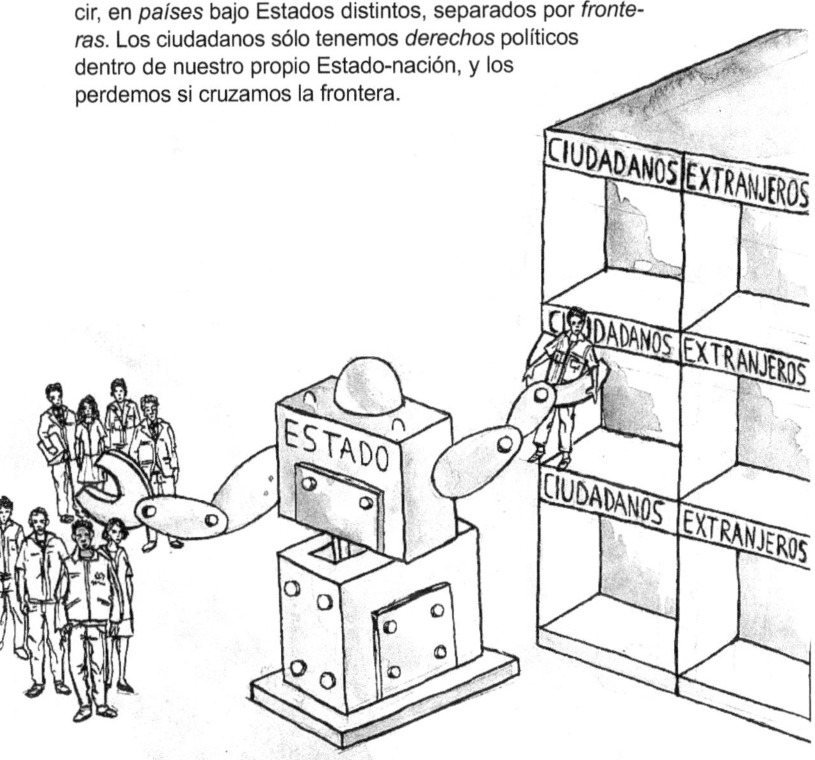

Los seres humanos que un Estado define como *extranjeros* muchas veces ni siquiera tienen la libertad de circular libremente por el territorio.

Sociedad global, derechos encerrados

La *ideología nacionalista* propia del capitalismo nos hace pensar que el espacio de la *sociedad* coincide perfectamente con el de un Estado o *país*. Pero, si la sociedad es el conjunto de las relaciones que establecemos los hombres y las mujeres entre nosotros y con la naturaleza, está claro que estas relaciones no terminan en las fronteras del *país* en el que vivimos.

No existe una "sociedad francesa" o una "sociedad peruana", como si fueran entidades separadas e independientes. La sociedad en la que vivimos es global e interdependiente.

Los Estados fragmentan, separan y dividen la sociedad global, creando zonas geográficas y grupos humanos privilegiados, y otros oprimidos. Una de las funciones de los Estados es encerrar nuestros derechos dentro de fronteras, para que no podamos cambiar el funcionamiento de la sociedad (global) en su conjunto.

Público y privado

La segunda *separación* que realiza el Estado es entre lo *privado* y lo *público*. El sistema legal y constitucional establece que existe toda una región de la *vida social* que la sociedad misma no puede "tocar", porque es *privada*. Nadie –ni siquiera el Estado– tiene posibilidad de legislar sobre lo que se considere el *derecho privado* de un individuo. En principio, no hay nada malo en esto. El problema es que, bajo el capitalismo, sólo *cierto tipo* de derechos obtienen el *privilegio* de ser definidos como *privados* (o incluso como *derechos*).

La línea que separa un *derecho* de un mero *reclamo*,
o lo *público* de lo *privado*, no es fija, y ha ido cambiando a lo largo de la historia. Desde hace siglos, los hombres y las mujeres luchan para traer los *privilegios privados* de vuelta a la esfera de lo *público*, para que la sociedad pueda decidir democráticamente si quiere conservarlos o no.

¿¡Pero por qué no lo cambiamos!?

El capitalismo es una forma de organización social injusta que causa enormes sufrimientos a la gran mayoría de las personas: produce pobreza y explotación, somete a los seres humanos a la pasividad y limita sus potencialidades, fomenta muchas formas de discriminación, alimenta la violencia y el temor, atenta contra los derechos básicos, destruye el planeta. Los anticapitalistas vienen señalando esto desde hace ya muchos años. ¿Por qué no lo cambiamos, entonces?

La falsa democracia

En realidad vivimos bajo una *falsa democracia*. En el siglo XIX, cuando nuestros antepasados comenzaron a luchar por la democracia, se referían al sentido original de la palabra: el *gobierno del pueblo*. En esa época, las elites *liberales* se oponían firmemente a la idea de democracia; el liberalismo siempre fue enemigo de la democracia.

Pero después de décadas de lucha, la elite se vio forzada a conceder gradualmente el *derecho al voto* a todos, sin importar su clase social. Los liberales adoptaron entonces la palabra *democracia* como si fuera propia, pero alterando profundamente su sentido original. Ya no significaba "gobierno del pueblo" sino que refería tan sólo a un *sistema electoral* para seleccionar a las personas que ocuparían algunos cargos estatales. Nada más.

No es el "gobierno del pueblo"

La democracia actual no es de ningún modo el *gobierno del pueblo*. Los representantes que elegimos tienen un poder de decisión muy limitado. Su autoridad alcanza sólo a lo que sucede en el *territorio nacional* y las cuestiones definidas como *públicas*. Aspectos fundamentales que afectan nuestras vidas, como los movimientos internacionales de capital, por ejemplo, escapan completamente de sus manos, porque suceden en el *espacio global*. La "democracia" sencillamente no llega allí. Tampoco llega a todo lo que las constituciones de los países –inspiradas en la ideología *liberal*– definen como "asuntos *privados*".

Si una corporación farmacéutica, por ejemplo, patenta una nueva droga que puede salvar miles de vidas, y decide cobrarla muy por encima de su costo, a un precio que los más pobres no podrían pagar, ése es un asunto *privado* y no se supone que el Estado deba intervenir.

Una dictadura del capital

Además, incluso en el limitado grupo de cuestiones en las que nuestros representantes sí tienen poder de decisión, la democracia se encuentra muy limitada.

LOS PODEROSOS TIENEN TODA UNA GAMA DE POSIBILIDADES DE CONDICIONAR LAS DECISIONES POLÍTICAS MEDIANTE MECANISMOS *LEGALES* —COMO LAS DONACIONES PARA CAMPAÑAS ELECTORALES Y EL CONTROL DE LOS MEDIOS DE COMUNICACIÓN— O *ILEGALES* —COMO EL SOBORNO.

Además, la historia muestra que la democracia y las libertades políticas se terminan cada vez que un representante o un movimiento político pretende ir en contra de los intereses de la clase dominante. Un buen ejemplo es el golpe de Estado de 1973 contra Salvador Allende —el presidente socialista electo democráticamente en Chile—, organizado por el gobierno norteamericano junto con empresarios locales.

Por estos motivos, no podría decirse que vivamos en una verdadera democracia; en realidad, vivimos bajo una dictadura del capital, en la que se nos permite elegir algunos representantes y decidir algunas cuestiones menores.

La hegemonía de la clase dominante

Pero el problema no es únicamente la falta de democracia real. La clase dominante no sólo domina a partir de engaños o de represión: su poder mayor está en que se las arregla para transformar su propia *ideología* en la *cultura* y el "sentido común" que respiramos todos los días.

Antonio Gramsci
(1891-1937)

Michel Foucault
(1926-1984)

La ideología del capitalismo

El capitalismo se apoya en una *ideología* propia, es decir, en un conjunto más o menos ordenado de ideas.

Karl Marx

El *liberalismo* sostiene que la sociedad está formada por *individuos*, y que éstos poseen ciertos *derechos naturales*. Los derechos de los individuos tienen prioridad por encima de la *soberanía del pueblo*: ninguna decisión de la *sociedad* puede ir en contra de ellos. Por el contrario, la sociedad y el Estado deben participar lo menos posible, y *dejar hacer* sin molestar a los individuos. El Estado sólo debe intervenir cuando se viola una ley, o para brindar algunos servicios básicos mínimos. Pero lo que hace del liberalismo una ideología no es lo que dice, sino *lo que no dice*.

En teoría, todos los seres humanos deberían disfrutar de sus *derechos naturales*. Pero no se dice que algunos de esos derechos están *desigualmente distribuidos*. Uno puede tener *en teoría* el derecho de poseer una parcela; pero si toda la tierra ya es *propiedad* de otro, ese derecho no significa nada. Si alguien está a punto de morir de hambre porque otros se han apropiado de todos los alimentos, ninguna ley protege su *derecho a la vida*. El derecho a la *libertad* significa hacer lo que uno quiera sin que nadie nos ponga trabas. Pero no todos tienen las mismas posibilidades de hacer lo que desean. Y ¿qué significa tener *libertad de prensa* cuando un puñado de personas maneja las grandes cadenas de medios de comunicación?

Karl Marx

La cultura del capitalismo: individualismo

Pero la clase dominante sólo logra la *hegemonía* si consigue que su *ideología* se transforme en la *cultura general*, en el "sentido común" de la mayoría de las personas. El capitalismo existe, en parte, porque habita en nuestras mentes y corazones: *todos* respiramos su cultura *todos los días*.

El *individualismo* de la ideología liberal traducido en la cultura cotidiana se manifiesta en ese fuerte *egoísmo* que caracteriza a muchas personas en la actualidad, y en el aislamiento de hombres y mujeres, cada uno encerrado en sus propios asuntos *privados*.

Mucho de la *violencia* y el *miedo* que caracteriza a nuestras sociedades viene de ese egoísmo, de ese impulso a *ser por encima de los demás*. Tememos al prójimo porque presuponemos que puede dañarnos para beneficiarse a sí mismo. Una cultura así dificulta el desarrollo de relaciones solidarias, y la comprensión y el cuidado de los demás.

Exitismo, productivismo, consumismo

El hecho de que uno pueda disfrutar de muchos derechos sólo si tiene los recursos económicos para hacerlo también se refleja en toda una serie de pautas de nuestra cultura. Por ejemplo, el *productivismo*, el culto al *éxito económico*, a la *eficiencia* y a la *competencia*, o el *consumismo*.

El temor de no tener los recursos que nos permitan ser "exitosos", sumado a la posibilidad de utilizar a otras personas como *instrumentos* para nuestro propio beneficio, está en el origen de muchas rasgos de nuestra cultura. Por ejemplo, el desprecio por los que son pobres; mucho de la gran discriminación racial y de todo tipo que existe en nuestras sociedades se debe a eso. A los individuos formados en un cultura así se nos dificulta valorar otras cosas, como el amor, la amistad, el compañerismo, la creatividad, etcétera.

Conformismo y pasividad

La idea liberal de que existe un orden "natural" que no debe cuestionarse se refleja en el *conformismo*, la *pasividad*, y la valoración de la *obediencia* que caracteriza, por ejemplo, el modo en que recibimos la educación desde niños.

Para subsistir, el sistema capitalista necesita transmitir este tipo de valores egoístas, discriminatorios y conformistas *todos los días*. Lo hace mediante la educación y la literatura, la publicidad y los medios masivos de comunicación. Pero no se trata de una especie de confabulación para transmitir un mensaje único. La cultura del capitalismo se difunde de un modo casi siempre espontáneo e inconsciente, no sólo porque los medios culturales suelen estar en manos de empresarios, sino más que nada porque todos llevamos esa cultura en nuestras propias mentes. Transmitimos la cultura del capitalismo en las palabras que usamos, en las expectativas que generamos en nuestros hijos, en los objetos que decidimos consumir, y de muchas otras formas.

¿Un sistema total?

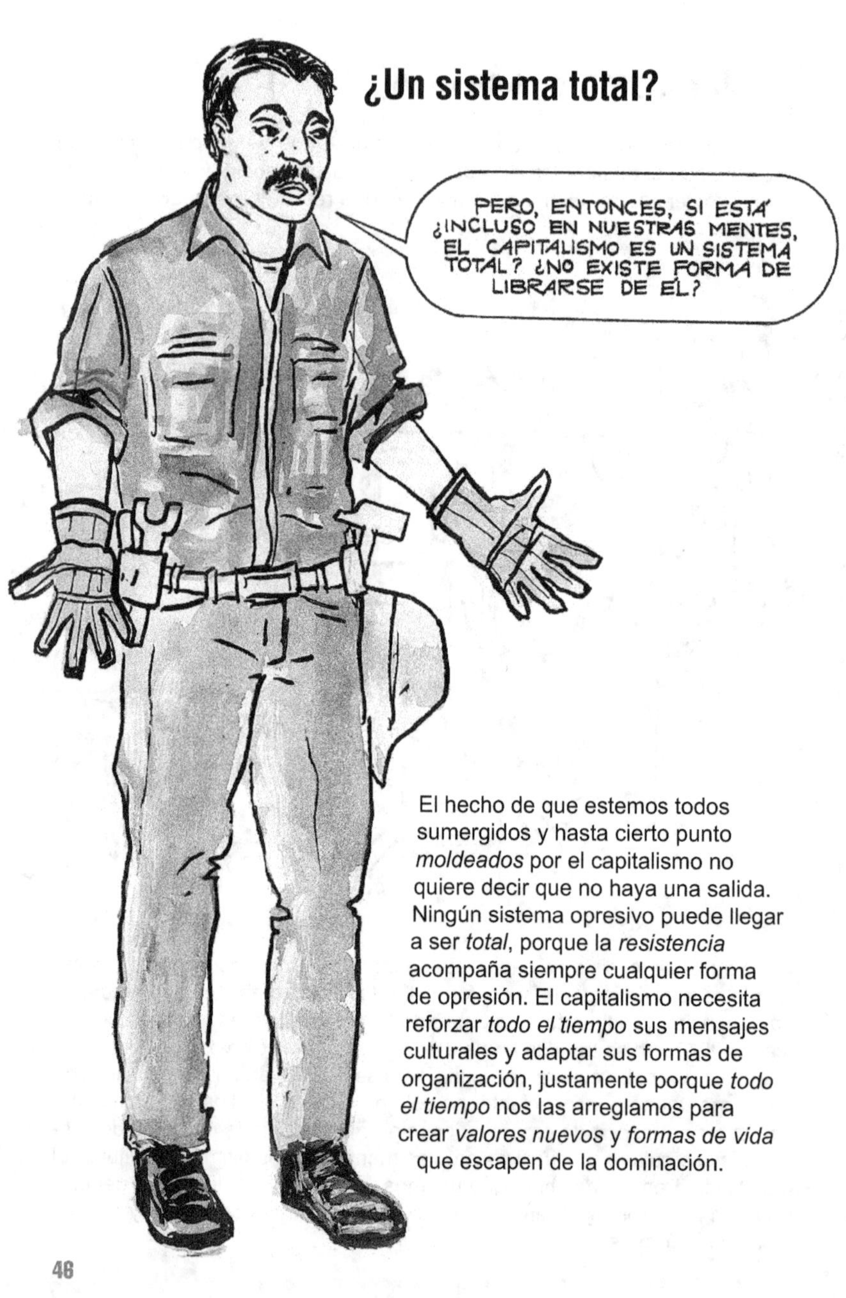

El hecho de que estemos todos sumergidos y hasta cierto punto *moldeados* por el capitalismo no quiere decir que no haya una salida. Ningún sistema opresivo puede llegar a ser *total*, porque la *resistencia* acompaña siempre cualquier forma de opresión. El capitalismo necesita reforzar *todo el tiempo* sus mensajes culturales y adaptar sus formas de organización, justamente porque *todo el tiempo* nos las arreglamos para crear *valores nuevos* y *formas de vida* que escapen de la dominación.

De la resistencia al anticapitalismo

Las *pregunta* más importante del anticapitalismo es cómo convertir nuestra resistencia permanente en una fuerza capaz de eliminar el capitalismo en su conjunto.

En su corta historia, los anticapitalistas han explorado varias *respuestas*.

Un poco de historia

El anticapitalismo tiene una historia corta y otra larga. Si bien nació hace menos de doscientos años, es heredero de una *larga tradición* de luchas que lo preceden y lo han nutrido. Empecemos por la "historia larga". La *resistencia* es tan antigua como la opresión misma. Los oprimidos y explotados de todo el mundo han resistido desde mucho antes de que existiera el capitalismo, y en algunas de sus luchas han sabido crear *nuevas formas sociales.*

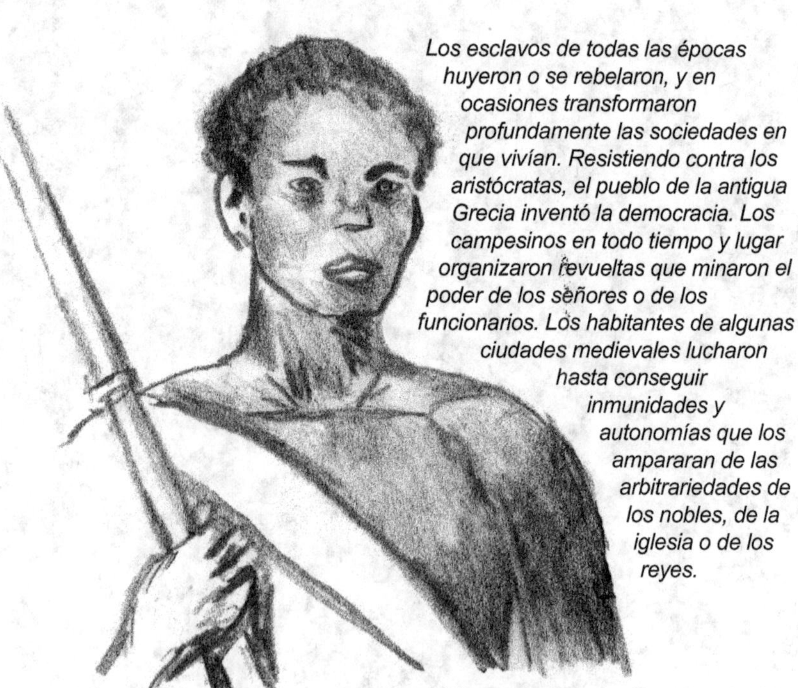

Los esclavos de todas las épocas huyeron o se rebelaron, y en ocasiones transformaron profundamente las sociedades en que vivían. Resistiendo contra los aristócratas, el pueblo de la antigua Grecia inventó la democracia. Los campesinos en todo tiempo y lugar organizaron revueltas que minaron el poder de los señores o de los funcionarios. Los habitantes de algunas ciudades medievales lucharon hasta conseguir inmunidades y autonomías que los ampararan de las arbitrariedades de los nobles, de la iglesia o de los reyes.

Mediante la resistencia, los hombres y las mujeres de todo el mundo han sabido ganar nuevos *derechos*, o encontrar nuevas formas de protegerse del poder. Como parte de esas resistencias por escapar de la opresión, inventaron nuevos *mitos* e *ideas*, o reformularon creativamente los anteriores.

Estas ideas los ayudaban a mantener el optimismo y a seguir resistiendo, pero también servían para empezar a pensar de qué manera querían vivir. Cada nueva generación tenía la oportunidad de utilizar estos mitos e ideas y reformularlos de acuerdo con su imaginación y con las necesidades de sus luchas.

La "revolución" del Humanismo

Pero un cambio cultural muy importante tuvo lugar en Europa entre los siglos XIII y XVI, cambio que ayudaría a disparar la resistencia en nuevas direcciones. En esa época se pensaba que sólo fuerzas *trascendentes* (Dios) decidían lo que pasaba en la tierra. Si el mundo era como era, eso se debía a la *voluntad divina*, cuyos motivos la mente humana no podía *conocer*. Naturalmente, esta idea servía para afirmar el poder de los curas, los nobles y los reyes, que declaraban que cada persona ocupaba la posición social que Dios había dispuesto. Pero incluso los que resistían al poder confiaban en que el cambio vendría del ámbito de lo *trascendente*, de la voluntad divina. En ese momento, algunos pensadores empezaron tímidamente a concebir la noción de que *el mundo le pertenecía a los seres humanos*. Por medio de la *razón*, los hombres y las mujeres podían llegar a *conocer* el mundo, transformarlo y *decidir* sobre sus propios destinos.

Antonio Negri (1933-)

A medida que Dios se volvía una presencia más lejana, los seres humanos iban ganando confianza en sí mismos, en su propia capacidad de *crear* y de *decidir*. Las implicancias *políticas* de esta revolución mental no tardarían en hacerse visibles.

Marsilio
de Padua
(1275?-1342)

También desde entonces muchos otros pensadores trataron de reforzar la *obediencia* mediante supuestos principios "racionales" y "científicos". Pero el "daño" ya estaba hecho: a partir de entonces, poco a poco, cada vez más hombres y mujeres liberaron su imaginación, y concibieron la posibilidad de *crear ellos mismos* un mundo distinto. La invención de la imprenta en 1440, y los viajes de larga distancia cada vez más frecuentes facilitaron la comunicación y la circulación de las ideas y los sueños entre personas de distintos lugares y de diferentes grupos sociales.

Rebeldes, utopistas, ilustrados y románticos

Mientras tanto, el desarrollo del capitalismo iba trayendo nuevas formas de opresión para los europeos, y también para los pueblos del mundo que poco a poco este sistema iba sometiendo. Las resistencias se intensificaron, y con ellas también la necesidad de imaginar un mundo distinto.

Desde el siglo XVI en adelante, empieza una época de grandes revueltas y revoluciones, siempre acompañadas de nuevos esfuerzos por imaginar un mundo diferente.

Los campesinos alemanes que acompañaron a Tomás Muntzer en su gran revuelta de principios de ese siglo, por ejemplo, se inspiraron en las historias bíblicas. Se organizaron como una secta y decidieron no tener propiedad privada, tal como imaginaban que era la vida de los primeros cristianos. La revuelta fue aplastada, pero su recuerdo se transmitió de generación en generación.

Tomás Muntzer
(1489?-1525)

Otras veces se buscaba inspiración en las *utopías* que escribieron autores como Tomás Moro en 1516, Campanella en 1602, y muchos otros más tarde, y que describían cómo funcionaban ciudades imaginarias, habitadas por seres que vivían como iguales, sin propiedad o sin dinero. También los viajeros traían relatos de tierras lejanas, en las que se decía que pueblos enteros vivían sin desigualdad ni opresión.

En el siglo XVIII, los filósofos de la *Ilustración* prefirieron apoyarse en su propia capacidad de razonar, y diseñaron *reformas* para la sociedad, o *sistemas sociales* completamente nuevos.

También el pasado ofrecía fuentes de inspiración para construir un mundo mejor. El recuerdo de la democracia de los antiguos atenienses disparaba la imaginación de muchos. Otros, como algunos *románticos* del siglo XIX, se inspiraban en la vida de la Edad Media cuando aún no habían aparecido la opresión del dinero y el espectáculo espantoso de las fábricas humeantes.

Todas estas historias, mitos e ideas circulaban atravesando distancias geográficas y de clase, en un largo *proceso de imaginación colectiva* de un mundo mejor. La serie de *revoluciones* que comenzó en Europa a mediados del siglo XVII fue el caldo de cultivo ideal para que tal proceso se potenciara. La resistencia alimentaba sueños de mundos distintos, y éstos, a su vez, inspiraban nuevas luchas por la emancipación.

Nace la tradición revolucionaria: la Revolución Inglesa

En 1648, una revolución derribó y decapitó a Carlos I, rey de Inglaterra, y durante unos años el país funcionó como República. Aunque comenzó siendo un conflicto entre elites, pronto se sumó a la revolución el "pueblo llano". Los campesinos, los artesanos y trabajadores de las ciudades, los "hombres sin amo" que vivían a su modo en los bosques y las tierras públicas que todavía quedaban, todos tenían buenos motivos para el descontento. La revolución dio lugar a una fermentación de discusiones políticas, y muchos se atrevieron a cuestionar las distintas formas de opresión y a reclamar cambios profundos.

Los más radicales fueron finalmente derrotados, pero, luego de la revolución, el poder de la monarquía y de los nobles ya nunca fue el mismo. El mensaje de los radicales permaneció y las siguientes revoluciones retomaron sus ideales de libertad e igualdad, y les dieron nuevas formas.

La Revolución Francesa

Otras revoluciones siguieron a la de 1648. Desde la década de 1770 hubo una especie de *reacción en cadena* de revueltas y revoluciones en muchos países. Pero fue la Revolución francesa de 1789 la que disparó con mayor fuerza los deseos de emancipación de hombres y mujeres en buena parte del mundo. Durante todo el siglo XVIII, Francia había vivió un intenso clima de debate de nuevas ideas, conocido como la época de la *Ilustración*.

La revolución se desencadenó a partir de una protesta de la nobleza contra las arbitrariedades del rey, que pronto desató la participación de otros grupos sociales: comerciantes, manufactureros, profesionales, campesinos, pobres urbanos, artesanos.

La Revolución comenzó por limitar el poder del rey con una constitución que garantizaba los *derechos del hombre*, y por eliminar algunos de los privilegios feudales más irritantes. Pero eso no alcanzó para satisfacer las ansias de cambio de las mayorías.

Los revolucionarios más radicalizados —los jacobinos— supieron ganarse el apoyo de los más humildes. En 1793, el rey Luis XVI fue decapitado. El gobierno de los jacobinos proclamó la *soberanía del pueblo*, en lo que fue la primera experiencia de democracia moderna. La *reacción* no tardó en llegar, y en 1794 los jacobinos fueron desplazados por sectores más moderados. Pero muchos de los cambios que ya había producido la Revolución resultaron irreversibles. La idea de *gobierno del pueblo*, la presencia de las *masas* en la vida política y el anhelo de *igualdad* habían llegado para quedarse.

Los ecos de la Revolución: antirracismo, autodeterminación nacional y feminismo

La Revolución francesa encendió la imaginación de hombres y mujeres en puntos distantes del planeta. Algunos de los cambios conseguidos en Francia se expandieron rápidamente a muchos otros países. Pero el mensaje de la Revolución también alentó a luchar por la emancipación en *nuevos terrenos*. Muchos comenzaron a extender las aspiraciones de libertad, igualdad y fraternidad también a las relaciones entre las *razas*, las *naciones* y los *sexos*.

Por ejemplo, en 1804 los esclavos negros y los mulatos de la colonia francesa de Santo Domingo (hoy Haití) se declararon *independientes*.

El capitalismo los había arrancado del África para que trabajaran en las plantaciones. Siempre habían resistido la opresión de mil maneras. Pero la revolución de 1789 los animó a ir por más.

Touissaint L'Ouverture (1743-1803), caudillo de los negros y mulatos insurrectos.

Touissaint fue
hecho prisionero y
murió en Francia en
1803. Pero la lucha
por la emancipación de
las minorías y la igualdad de
las razas se convertiría tiempo
después en un fenómeno imparable, junto con las ansias de
liberación nacional de muchos
pueblos colonizados. El ideal de
libertad e igualdad se trasladó a
las relaciones entre las *naciones*,
que proclamaron el derecho a decidir
cada una su propio destino.

También las mujeres sintieron que la consigna de libertad, igualdad y fraternidad les
hablaba a ellas, y que los nuevos *derechos*
no debían ser privilegio de los *varones*.

Olympe de Gouges
(1745-1793)

Aunque fue guillotinada en 1793, el legado de Olympe de Gouges inspiró a
las mujeres a seguir luchando por sus
derechos. Su *Declaración de los derechos de la Mujer y de la Ciudadana* fue
una pieza clave en la formación del movimiento feminista.

El sistema industrial: el proletariado entra en escena

Mientras tanto, el capitalismo en Europa venía realizando grandes cambios en la organización de la producción. La *Revolución industrial* estaba cambiando dramáticamente la vida de los trabajadores, y convirtiendo en *proletarias* a nuevas porciones de la población.

Miles de artesanos y de campesinos despojados de sus tierras fueron obligados a trabajar en las nuevas fábricas. Hombres, mujeres y niños trabajaban 14 horas por día o más, por una paga miserable, y en condiciones insalubres. El humo y los desperdicios de las fábricas contaminaban el agua y el aire, especialmente allí donde vivían los pobres.

Poco a poco, los obreros comenzaron a organizarse: fundaron *sociedades de ayuda mutua* y *sindicatos*, y realizaron *huelgas* para mejorar su condición. Y también sintieron la necesidad de imaginar una *sociedad nueva* que los librara de las miserias del capitalismo. En la *práctica* cotidiana de la lucha, los obreros se encontraron con el largo legado de *imaginación colectiva* de un mundo nuevo que habían producido las luchas del pasado. A través de sus *experiencias* y de su *creatividad*, reelaboraron ese legado y le agregaron nuevos elementos.

Nace la tradición socialista

Aquí es cuando empieza la "historia corta" del anticapitalismo.
Aunque nace con el *socialismo* hacia 1830,
se nutre de todo el largo legado de luchas
y de creación previas.

En ese contexto nació el *socialismo*, el primer movimiento específicamente *anticapitalista*. Los socialistas identificaban el capitalismo como la *causa* de la mayoría de los males de la sociedad, y comenzaban a imaginar cómo crear y organizar un mundo nuevo en el que *todas* las formas de opresión desaparecieran.

Al principio, el socialismo era un movimiento bastante fluido y difuso. No tenía partidos, ni programas, ni ideas bien definidas; ni siquiera tenía un nombre único. Podía llamárselo indistintamente "socialismo", "mutualismo", "comunismo", "asociacionismo", "cooperativismo", y demás.

Robert Owen
(1771-1858)

Charles Fourier (1772-1837)

Aunque habitualmente se piensa al socialismo como un movimiento de la *clase obrera*, a lo largo de su historia participaron personas de una gran variedad de grupos sociales. Al proponerse eliminar *todas las formas de opresión*, el socialismo resultó atractivo para los más pobres y los trabajadores, pero también para estudiantes, artistas, intelectuales, campesinos, feministas, cuentapropistas, e incluso para pequeños comerciantes y manufactureros. También lo fue, más recientemente, para minorías nacionales y raciales oprimidas, para grupos indígenas y para los ecologistas, y en general, para cualquiera que se sintiera afectado por el capitalismo, de una manera o de otra.

El anarquismo

En la segunda mitad del siglo XIX se fueron delineando algunas corrientes más definidas *dentro* del movimiento socialista.

La corriente *anarquista* se distinguió por prestar atención a *todas* las formas de opresión (y no sólo a la explotación *económica*), y por su fuerte rechazo a la autoridad estatal o centralizada. Criticaban a los comunistas y a otros socialistas por sostener ideas como la "dictadura del proletariado", y el "socialismo de Estado", que les resultaban autoritarias.

El padre del anarquismo, Pierre-Joseph Proudhon, creía que había que modificar progresivamente la economía de modo que los trabajadores recuperaran el control de la producción. Aunque opinaba que "la propiedad es un robo", sostenía que *todas* las personas deberían ser *pequeños propietarios* de los medios de producción.

Pierre-Joseph
Proudhon (1809-1865)

A diferencia de otros socialistas, los anarquistas sostenían que las *formas* de organización para luchar contra el capitalismo debían reflejar este principio no-jerárquico y federativo. Por eso evitaron agruparse en *partidos*, aunque sí promovieron la organización *sindical*. Por otro lado, hubo muchas diferencias entre los anarquistas respecto del uso de métodos violentos y conspirativos, y de organizaciones de tipo secretas.

El anarquismo tuvo una gran influencia entre los trabajadores en muchas regiones del mundo durante el siglo XIX y las primeras décadas del XX, especialmente en Europa y las Américas.
Con posterioridad, su importancia disminuyó notablemente.

El marxismo

Dentro de la tradición socialista,
el *marxismo* –la corriente inspirada
en las ideas del filósofo alemán
Karl Marx– fue ganando cada vez
más adeptos.

Karl Marx

A diferencia del anarquismo, el marxismo argumentaba que el Estado debía ser usado como *instrumento* fundamental para cambiar la sociedad. Para *tomar el poder*, los comunistas debían organizarse en un partido más o menos centralizado, capaz de llegar al gobierno. Un período de *dictadura del proletariado* sería imprescindible para imponer los cambios necesarios. Luego, una vez que se eliminaran las *clases* y que la propiedad de los medios de producción fuera *colectivizada*, la ausencia de opresión haría del Estado algo innecesario. En la sociedad *comunista,* desaparecerían tanto el Estado como la desigualdad.

Marx se dedicó sobre todo a hacer una crítica del capitalismo, y escribió muy poco acerca de cómo sería la sociedad del futuro, o de cómo debería organizarse la lucha contra el sistema. Por eso existe mucha discusión sobre cuánto de lo que llamamos *marxismo* tiene que ver con las *verdaderas* ideas de Marx. Una cosa está clara: Friedrich Engels contribuyó a crear una imagen distorsionada de las ideas de su gran amigo, al presentarlas como una doctrina *científica* y *acabada*, capaz de explicar *todos* los fenómenos sociales, e incluso *pronosticar* el futuro.

Friedrich Engels (1820-1895)

El marxismo fue una herramienta fundamental para entender cómo funciona el capitalismo y para soñar un mundo nuevo. Durante la segunda mitad del siglo XIX y buena parte del siglo XX inspiró a millones de personas de todo el planeta a luchar por el socialismo. Sin embargo, al convertirse en un *dogma*, fue muy difícil para el socialismo marxista hacer lugar para la diversidad de tácticas políticas, y adaptarse a las diferentes situaciones y a los cambios históricos.

La Primera Internacional

En 1864 se organizó, en Londres, la primera *Asociación Internacional de Trabajadores*, conocida como la *Primera Internacional*. En ella confluían delegados de los movimientos obreros de varios países. El objetivo era la coordinación de la lucha de los trabajadores para acabar con el capitalismo en todo el mundo. El propio Marx, delegado de los obreros alemanes, se ocupó de redactar sus estatutos, y tuvo un lugar central en la nueva organización. Pero muy pronto algunas corrientes anarquistas se opusieron a las ideas de Marx; Bakunin precipitó la crisis al llamar a los trabajadores a crear una *Internacional* "antiautoritaria".

Mikhail Bakunin

Karl Marx

Luego de varias disputas, en 1872 Marx consiguió expulsar a Bakunin. Pero a partir de entonces la *Internacional* entró en decadencia, hasta que fue disuelta en 1876. A pesar de su corta vida, la *Primera Internacional* fue de gran importancia para el desarrollo del socialismo y el internacionalismo en varias regiones del mundo.

Los primeros partidos socialistas

En la época en que Marx y Engels escribieron el *Manifiesto del Partido Comunista* (1848), la palabra *partido* tenía un significado distinto. Ellos no se referían a una *organización* en particular, sino a una amplia *corriente* de ideas e intereses que surgía casi naturalmente de entre los explotados. Los primeros partidos socialistas en el sentido *actual* –es decir, una *organización* centralizada, dirigida por *líderes* esclarecidos y dotada de un *programa*– aparecieron en Alemania en la década de 1860. Los partidos *socialdemócratas* –así se los llamó– se identificaban con las ideas del *marxismo*.

Karl Kautsky (1854-1938), líder socialdemócrata

El éxito inicial de la socialdemocracia alemana impulsó los movimientos obreros de la mayor parte de Europa y otras regiones a emular ese modelo de partido.

En 1889 se creó la Segunda Internacional, *hegemonizada por los socialistas alemanes. Antes de la Primera Guerra Mundial se habían fundado Partidos socialistas en Austria, Escandinavia, Rusia, Holanda, Bélgica, Estados Unidos, Italia, Francia, España, Inglaterra, Australia, Polonia, Bulgaria, Hungría, Chile, Argentina, Japón, Canadá, China, Brasil, y otros sitios.*

¿Reforma o revolución?
La socialdemocracia se divide

Entre 1890 y 1914 se desarrolló un profundo debate entre los marxistas, que terminó con la división de esa corriente. La socialdemocracia alemana sentía desde tiempo atrás una cierta contradicción entre una *práctica* política cada vez más centrada en la labor "legal" dentro del parlamento, y una *teoría* que seguía siendo revolucionaria. Por eso, Eduard Bernstein, uno de sus líderes más importantes, se embarcó en una *revisión* crítica de las ideas de Marx. Quería librar al Partido de las ataduras de la teoría revolucionaria para permitirle así un crecimiento electoral mayor, no sólo entre los obreros, sino también entre otros grupos sociales. Su *revisionismo* produjo un agrio debate con los socialistas *comunistas* o *revolucionarios*.

Eduard Bernstein
(1850-1932)

Eduard Bernstein   Rosa Luxemburg (1870-1919), líder revolucionaria

La división entre *comunistas* y *reformistas* se profundizó aún más con motivo de la Primera Guerra Mundial. En 1914, la mayoría de los diputados socialistas en varios países decidió apoyar a sus Estados en la guerra. Esto significaba enviar a los obreros a pelear contra otros obreros, una traición a uno de los principios tradicionales del socialismo: el *internacionalismo*. El comunismo se reagrupó al margen de la socialdemocracia y, en 1921, el *Partido Socialdemócrata Alemán* adoptó formalmente las ideas *revisionistas* de Bernstein. La mayoría de los partidos socialistas del mundo también fue adoptando políticas similares, y pronto la expresión *socialdemocracia* pasó a ser sinónimo de *reformismo*. La división entre *reformistas* y *revolucionarios* estaba sellada.

La Revolución Rusa, primera revolución anticapitalista

En las primeras tres décadas del siglo XX hubo una gran ola de luchas anticapitalistas en muchas partes del mundo.

Emiliano Zapata (1883-1919)

Pero fue en Rusia, en 1917, donde se produjo la primera revolución claramente anticapitalista que consiguiera establecer un régimen comunista duradero. Rusia tenía una larga tradición de luchas anticapitalistas, que se remontaba al *populismo* del siglo XIX, un poderoso movimiento que combinaba ideas propias con las del marxismo. La primera revolución rusa había estallado en 1905, pero fue controlada por el gobierno del Zar. En 1917, el gobierno no tuvo la misma suerte.

Fue entonces que los trabajadores comenzaron a ocupar los lugares de trabajo reclamando el *control obrero* de la producción. Los campesinos se lanzaron a ocupar las tierras de los terratenientes. Los soldados se negaron a obedecer a los oficiales. Las nacionalidades minoritarias rechazaron la autoridad del Estado imperial ruso. Muchos estudiantes y artistas también se sumaron a la lucha, lo mismo que algunas feministas.

> *Por todas partes los hombres y mujeres se declararon amos de sus propios destinos y se negaron a seguir obedeciendo. En octubre de 1917, el poder colapsó.*

En Rusia, los revolucionarios seguían diferentes corrientes de ideas. Algunos adhirieron a los principios *federativos* que proponía el anarquismo. Otros se agruparon en los diferentes *partidos* que existían. Los *sindicatos* también desempeñaron un papel relevante.

PERO FUERON LOS *SOVIETS* LA INSTITUCIÓN MÁS IMPORTANTE QUE NACIERA DE LA REVOLUCIÓN RUSA. LOS *SOVIETS* ERAN CONSEJOS DONDE PARTICIPABA GRAN CANTIDAD DE OBREROS, CAMPESINOS, SOLDADOS, Y OTROS GRUPOS EN LUCHA. MEDIANTE EL *DEBATE* Y EN FORMA *DEMOCRÁTICA*, ESTOS CONSEJOS ERAN LOS QUE TOMABAN TODAS LAS DECISIONES DURANTE LA REVOLUCIÓN.

Los bolcheviques en el gobierno

Durante los meses de febrero a octubre de 1917, el Partido *Bolchevique*, hasta entonces relativamente pequeño, supo ganarse la confianza de buena parte de los que luchaban por la revolución.

Tras la insurrección armada del 24/25 de octubre de 1917, el soviet de Petrogrado confió a Vladimir Lenin, líder de los bolcheviques, la presidencia de un "consejo de comisarios del pueblo", que sería la autoridad de un nuevo gobierno soviético.

Vladimir Lenin (1870-1924)

Con el nuevo régimen, la revolución logró avanzar en una serie de medidas radicales para la creación de una sociedad comunista. Se expropiaron las tierras de la Iglesia y de los terratenientes; las grandes empresas fueron estatizadas; se acabó con los privilegios de la nobleza y la burguesía; las minorías nacionales recibieron un trato mucho más igualitario; las mujeres adquirieron nuevos derechos. En 1922, se fundó la Unión de Repúblicas Socialistas Soviéticas (URSS), el primer experimento de sociedad comunista en la historia de la humanidad.

El leninismo

Ya desde 1903, Lenin venía desarrollado una nueva concepción acerca de cómo debía organizarse un partido. Como Kautsky, el líder bolchevique también sostenía que los intelectuales debían introducir en los obreros, "desde afuera", una *conciencia* comunista que los trabajadores solos jamás desarrollarían.

En el "centralismo democrático" que imaginaba Lenin, las bases del Partido tendrían el derecho de elegir, en forma *indirecta*, a los *dirigentes*. Pero luego *todos* los miembros debían aceptar la línea política que ellos "bajaban".

Tras la Revolución rusa, los bolcheviques ganaron un enorme prestigio mundial. En 1919, Lenin organizó la Tercera Internacional, *que nucleó a los revolucionarios de muchos lugares del mundo. En casi todas partes, los comunistas copiaron el modelo de partido leninista y la línea política de los bolcheviques.*

Los herederos del leninismo: estalinismo y trotskismo

A pertir de la década de 1930, varias corrientes se reclamaron herederas del "marxismo-leninismo": el *estalinismo*, el *trotskismo*, el *maoísmo*, y el *foquismo* o *guevarismo*. El *estalinismo* y el *trotskismo* surgieron de los enfrentamientos entre los líderes bolcheviques luego de la muerte de Lenin, en 1924. *Iosiv Stalin* (1879-1953) fue concentrando el poder en sus manos, mientras aniquilaba a todos sus posibles rivales. *Lev Trotsky*, antiguo compañero de Lenin, fue expulsado de sus cargos y forzado al exilio, desde donde criticó duramente el régimen *político* soviético (aunque nunca dejó de defender la *estructura económica y social* que él mismo había contribuido a construir).

Lev Trotsky
(1879-1940)

Antes de morir asesinado por un agente de Stalin, Trotsky intentó fundar la *Cuarta Internacional* en 1938, para así reorganizar el movimiento comunista en torno de sus ideas. Pero el intento fracasó: el *estalinismo* siguió siendo predominante en todo el mundo. El trotskismo, sumergido en disputas internas permanentes, nunca logró convertirse en un verdadero movimiento de masas.

El maoísmo

El *maoísmo* agrupó, a partir de la década de 1960, a los seguidores de Mao Zedong, líder de la Revolución china de 1949. Igual que los trotskistas, los maoístas se agruparon por oposición a la dirigencia soviética y a la hegemonía del estalinismo en el mundo. Se sintieron atraídos por el fuerte antiburocratismo que Mao muchas veces expresó, y por su revaloración del papel revolucionario del campesinado.

Mao Zedong
(1893-1976)

Los maoístas rechazaron el énfasis exclusivo en el rol de la clase obrera: el campesinado estaba llamado a ocupar un lugar central en la dirección de la revolución mundial. También sostenían que el enfrentamiento internacional principal no era entre la burguesía y el proletariado, sino entre las naciones capitalistas y las subdesarrolladas. Otro rasgo distintivo de los maoístas era una confianza particularmente fuerte en la *voluntad* como único requisito para la realización de grandes cambios sociales y mentales.

El guevarismo o foquismo

A partir de la década de 1960, surgió en Latinoamérica una corriente leninista de límites más imprecisos, distinguible por la centralidad que otorga a la *guerra de guerrillas*. El *foquismo* o *guevarismo* confiaba en la acción de pequeños ejércitos revolucionarios que pudieran abrir "focos" en zonas campesinas.

Che Guevara
(1928-1967)

En estas corrientes, la idea de *vanguardia* es llevada al extremo. La emancipación pasa a ser la tarea de un puñado de guerrilleros con un entrenamiento especial, mientras que el papel que pudieran ocupar los propios oprimidos queda desdibujado.

Las distintas corrientes leninistas han estado históricamente enfrentadas, a pesar de lo mucho que tienen en común. Todas comparten el énfasis en la necesidad de *tomar el poder* mediante un partido/ejército *de vanguardia* fuertemente centralizado. También coinciden en su imagen de la sociedad del futuro, que gira alrededor de la *estatización* de los medios de producción, un régimen de *partido único*, y la *planificación centralizada* de la economía.

Los Movimientos de Liberación Nacional

Existió otra gran corriente de movimientos que a menudo se presentaron como anticapitalistas. En los países dominados por el colonialismo, la lucha por la *soberanía nacional* contra los *imperios desarrollados* (es decir, capitalistas), con frecuencia se presentó como una lucha *socialista*. Los *Movimientos de Liberación Nacional* (MLN) solían combinar *socialismo* y *nacionalismo* en proporciones variables. Algunas ideas del marxismo les resultaban atractivas: el énfasis en el papel del Partido, la economía estatizada, y hasta cierto punto la igualdad. Otras ideas, como la de lucha de clases, tendían a ser evitadas, para movilizar así el apoyo de trabajadores y campesinos, pero también de sectores de la llamada "burguesía nacional".

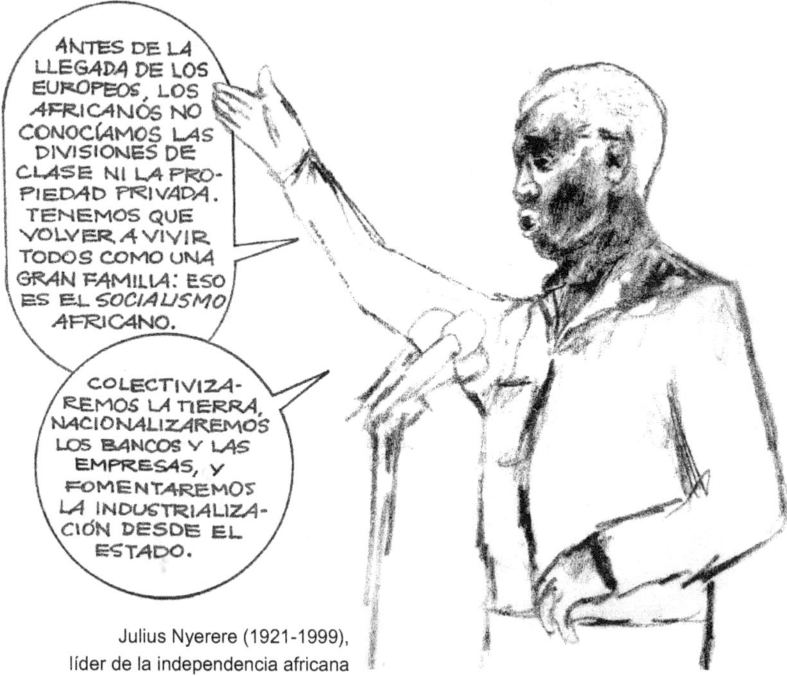

Julius Nyerere (1921-1999), líder de la independencia africana

El ejemplo de la rápida industrialización que había conseguido las URSS también resultaba de gran atractivo para numerosos movimientos del Tercer Mundo. En muchos casos, el socialismo se utilizó como una *ideología* que servía más para la *concentracion del poder* y el *desarrollo económico*, que para la *emancipación* de los pueblos.

El fracaso del proyecto comunista

Los tres grandes movimientos surgidos de la tradición socialista –el *comunismo*, la *socialdemocracia*, y los *Movimientos de Liberación Nacional*– tuvieron la oportunidad de implementar sus programas en varios países. Por diferentes motivos, los tres fracasaron.

Las expectativas que generó el *proyecto comunista* en Rusia pronto se vieron frustradas. Con la excusa de la situación de emergencia, el nuevo gobierno comenzó a recortar cada vez más las conquistas de la Revolución.

Vladimir Lenin

Lev Trotsky

Muchas de las libertades sexuales, artísticas, sindicales y de prensa se fueron recortando. El ascenso de Stalin al poder empeoró aún más la situación. A partir de 1928, miles de personas "sospechosas" fueron condenadas a muerte o encerradas en campos de trabajo. Se forzó a los campesinos a colectivizar sus tierras, y se impusieron terribles medidas disciplinarias para los obreros y para la población en general. Las nacionalidades no-rusas volvieron a una situación de fuerte opresión.

La URSS logró sorprendentes mejoras en la economía, la educación y la salud de los soviéticos. Pero la explotación y la opresión no fueron eliminadas, sino sólo reemplazadas por formas nuevas.

El modelo comunista se implementó en otros países. En todos los casos produjo resultados similares, muy alejados del ideal de igualdad y emancipación. En la década de 1980, la URSS entró en una profunda crisis económica. Los propios burócratas de la URSS fueron abandonando el comunismo, tentados por la promesa de prosperidad personal si se reconvertían en burguesía, y el mismo gobierno soviético comenzó a aplicar medidas neoliberales. A partir de 1989, la mayoría de los países comunistas volvió a la senda del capitalismo. Cuando en 1991 la URSS dejó de existir, la historia fallida del comunismo dejó para los anticapitalistas no sólo una enorme derrota política, sino también moral.

El fracaso del proyecto socialdemócrata

El proyecto *reformista* también tuvo la oportunidad de probarse
en la práctica. Durante el siglo XX, partidos socialdemócratas llegaron al poder en los principales países europeos. Desde el gobierno encararon amplios programas de *reformas sociales* para mejorar la vida
de los trabajadores y los sectores más vulnerables
de la sociedad.

Olof Palme (1927-1986),
Primer Ministro socialdemócrata de Suecia

Las políticas de *bienestar* mejoraron indudablemente la vida de los trabajadores, pero no contribuyeron a eliminar la explotación y la opresión, sino
tan sólo a moderar sus *efectos* más negativos. Por eso, algunos opinan
que las políticas reformistas, más que conducir al socialismo, han perfec-
cionado el capitalismo, convirtiendo al Estado en una máquina de control
aún más efectiva.

De cualquier manera, incluso esas moderadas reformas comenzaron a ser
desmanteladas en la mayoría de los países a partir de la década de 1980,
a veces por los propios gobiernos socialdemócratas. En su proyecto de llegar al socialismo mediante *reformas graduales* desde el Estado, el programa de la socialdemocracia había fracasado.

El fracaso del proyecto
de la liberación nacional

Los MLN tuvieron cierto éxito en desplazar a las elites tradicionales de muchos países del Tercer Mundo, y en algunos casos consiguieron llevar adelante programas de industrialización más o menos ambiciosos. Pero, en general, no avanzaron en medidas verdaderamente emancipatorias o anticapitalistas, ni consiguieron acabar con la dependencia económica y el imperialismo. Por el contrario, el discurso nacionalista, seudo-igualitarista y estatista, fue utilizado muchas veces para instalar nuevas elites en lugar de las tradicionales, y para someter a la población a una mayor explotación en nombre de la necesidad de "lograr el desarrollo". En las décadas de 1980 y 1990, la gran mayoría de los gobiernos de *liberación nacional* o bien perdieron el poder, o bien abrazaron programas neoliberales.

El avance del neoliberalismo y el "fin de la historia"

A medida que todos sus rivales iban fracasando, el capitalismo parecía avanzar de forma imparable. Incluso en los países más ricos comenzó a desmantelarse el Estado de Bienestar, y los trabajadores fueron perdiendo sus derechos.

Ronald Reagan (1911-)

Margaret Thatcher (1925-)

El *neoliberalismo* se había convertido en "pensamiento único", y nadie parecía tener una alternativa creíble. El desánimo de los hombres y mujeres respecto de la posibilidad de la emancipación fue acompañado por una euforia desmesurada por parte de los capitalistas.

Francis Fukuyama (1952-), asesor del gobierno norteamericano

El surgimiento de un nuevo anticapitalismo

Pero, mientras tanto, el rápido avance del capitalismo estaba produciendo efectos terribles en la vida de la enorme mayoría de las personas.

El desempleo y el incremento del trabajo precario golpean a los trabajadores de todo el mundo, especialmente a las mujeres. La ocupación comercial de las tierras y los bosques, y el desarrollo de alimentos genéticamente modificadas perjudica a los consumidores y también a los campesinos, en especial a los pueblos indígenas. Las reformas neoliberales y el peso de la deuda externa agobian a los pueblos del Tercer Mundo. Los movimientos especulativos de capitales producen crisis financieras cada vez más frecuentes. El control corporativo de los medios de comunicación atenta contra la libertad de expresión y los derechos políticos.

La represión y el racismo institucional crecen, y las cárceles se llenan de pobres y minorías étnicas. La guerra se expande por el mundo para disciplinar a las naciones que pudieran amenazar los intereses del Imperio capitalista. La salud, la seguridad y la educación se convierten en privilegios para pocos. El rápido deterioro del medioambiente pone en riesgo la continuidad de la especie humana.

En 1994, un levantamiento de indígenas mexicanos –los *zapatistas*– dio el primer grito de una *nueva familia de movimientos anticapitalistas*. A partir de entonces, todos los que resistían el capitalismo de mil formas en todo el mundo comenzaron a conectarse unos con otros, a explorar nuevas formas de hacer política, y a recuperar el optimismo. En noviembre de 1999, una multitud impidió que la *Organización Mundial del Comercio* pudiera reunirse en la ciudad de Seattle. La *Batalla de Seattle* terminó de confirmar que las luchas anticapitalistas habían vuelto para quedarse.

Diez diferencias entre la izquierda tradicional y el nuevo anticapitalismo

El nuevo anticapitalismo es heredero de la toda la tradición de luchas anteriores. Pero al mismo tiempo es diferente: ha sabido mutar para adaptarse al presente y aprender de la experiencia acumulada.

1. ¿Tomar el poder?

A pesar de sus diferencias, las tradiciones de izquierda del pasado tienen algo en común: todas apostaron a cambiar la sociedad mediante la *toma del poder*. Llegar a ocupar el *poder político* y utilizar el Estado como *instrumento* para emancipar la sociedad: ésa era la estrategia.

Sólo una pequeña porción de lo que llamamos *poder político* –la capacidad de imponer las normas que regulan la vida social– está hoy en manos de los Estados nacionales. Los gobiernos de los países más poderosos, las grandes empresas y las corporaciones financieras, las cadenas de medios de comunicación, tienen en algunos aspectos más poder para imponer normas que los Estados nacionales. De modo que tomando el *Estado* sólo estaríamos tomando *una parte* del *poder político*.

Pero, además, el poder es mucho más que lo que entendemos por *poder político*. El poder no sólo está en el Estado o en las grandes corporaciones económicas: está en lo que pensamos y en nuestros hábitos, en la forma en que nos relacionamos, en la manera en la que percibimos a nuestros semejantes, en nuestro lenguaje, en nuestras identidades. El poder penetra la totalidad de las relaciones sociales, incluso las que establecen los oprimidos entre sí.

Michel Foucault

El poder no tiene centro: está en todas partes y se manifiesta de mil maneras. El poder no es una cosa ni una institución, sino un *proceso continuo* de separar a las personas y quitarles la capacidad de manejar sus propias vidas. De allí la dificultad de "tomarlo": apoderarse del *Estado* no significa haber tomado el *poder*.

El nuevo anticapitalismo rechaza la idea de "tomar el poder" no sólo porque eso no es posible, sino porque tampoco es *deseable*. El poder transforma a todo el que se le acerca: ése es su truco más efectivo para neutralizar a sus enemigos. En el intento de tomar el aparato de Estado, los movimientos sociales a menudo han terminado recreando e incluso fortaleciendo las relaciones de poder. Para ganar elecciones o "asaltar" el Estado, los anticapitalistas del pasado se organizaron en partidos o ejércitos de liberación que fueron *ellos mismos* máquinas de dividir, disciplinar y subordinar a las personas. Y las veces que consiguieron apoderarse del Estado, invariablemente crearon formas de opresión más intensas o más sofisticadas que las anteriores.

2. Autonomía

Si el poder está en todas partes y todo lo penetra, y si no es posible ni deseable la "toma" del poder, ¿cómo se combate al capitalismo? ¿Qué quiere decir, en concreto, "antipoder" o "contrapoder"?

Para el nuevo anticapitalismo, la respuesta a esta pregunta está en la misma palabra *poder*, que tiene dos significados opuestos. Como sustantivo, *poder* significa una relación de mando y obediencia, tener *poder-sobre* los otros. Como verbo, *poder* significa la capacidad de crear y desarrollar actividades; es aquello que nosotros *podemos* hacer.

John Holloway

Antonio Negri

Los dos significados son opuestos porque el uno niega al otro. El *poder-sobre* limita la libertad de hacer todo lo que uno *podría* (si no estuviera *sometido al poder* de otros); la expansión del *poder-hacer* socava el *poder-sobre*, porque implica romper las limitaciones que éste impone sobre el *hacer*.

Tal como el poder, también la resistencia está en todas partes, y penetra en todos los rincones de lo social. Allí donde hay poder, está la resistencia oponiéndosele.

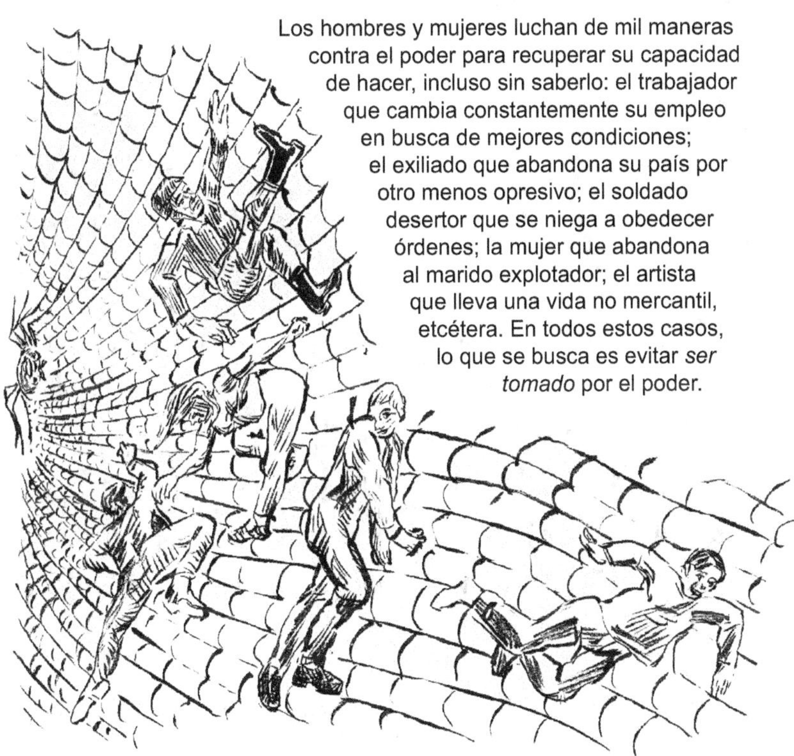

Los hombres y mujeres luchan de mil maneras contra el poder para recuperar su capacidad de hacer, incluso sin saberlo: el trabajador que cambia constantemente su empleo en busca de mejores condiciones; el exiliado que abandona su país por otro menos opresivo; el soldado desertor que se niega a obedecer órdenes; la mujer que abandona al marido explotador; el artista que lleva una vida no mercantil, etcétera. En todos estos casos, lo que se busca es evitar *ser tomado* por el poder.

El nuevo anticapitalismo trata de potenciar esas resistencias en el sentido del desarrollo de nuestra capacidad de poder-hacer libremente. *Antipoder* o *contrapoder* significa la lucha por extender la *autonomía* de los oprimidos, la posibilidad de vivir bajo las reglas que *nosotros mismos* nos demos. Por el contrario, el poder supone siempre *heteronomía*, vivir bajo reglas que no decidimos.

Cada vez que se crea un espacio de *autonomía*, un sitio de *vida en común*, se abre una grieta en el sistema capitalista.

Cuando los trabajadores se autoorganizan para defender sus derechos; cuando los campesinos toman los latifundios para sí; cuando los *okupas* convierten una casa abandonada en un centro cultural; cuando los indígenas defienden su derecho a conservar su modo de vida; cuando los desempleados desarrollan proyectos de economía autogestionada, en todos esos casos la resistencia *contra* el capitalismo se convierte en una lucha *por* la autonomía.

Para el nuevo anticapitalismo se trata de ahondar siempre un poco más las *grietas de autonomía* que la resistencia produce por todas partes en el poder del capitalismo.

Cada nueva forma que los hombres y las mujeres encuentran para escapar a la opresión y vivir de acuerdo con sus propias reglas obliga al poder capitalista a buscar nuevas maneras de someterlos mediante cambios en la tecnología y en las formas de organización de la producción y del poder político.

La política del nuevo anticapitalismo busca siempre ampliar y fortalecer nuestra capacidad de autodeterminarnos, es decir, la *autonomía*. Cuando se nos llama a *obedecer* las decisiones que *otros* toman –sea el Estado o un partido político que dice representar nuestros intereses– allí la autonomía se encuentra en peligro.

• MÁS INFORMACIÓN SOBRE AUTONOMÍA

www.lahaine.org/pensamiento2.htm

nuevproyhist.tripod.com.ar

3. La revolución es hoy

La perspectiva del *antipoder* o *contrapoder* supone un cambio profundo en la forma en que imaginamos la revolución. Una *revolución* significa un cambio radical y duradero de las relaciones sociales. En ese sentido usaba Marx la palabra cuando analizaba, por ejemplo, la "Revolución Industrial". Una revolución *anticapitalista* implica que ese cambio desarticula o destruye las relaciones capitalistas.

Hechizada por el mito de la Revolución Francesa y por la idea de "tomar el poder", la izquierda del pasado construyó una imagen equívoca de lo que son las revoluciones.

El nuevo anticapitalismo sabe que tomar el Estado no implica haber realizado un cambio radical en las relaciones sociales. A menudo, estas supuestas "revoluciones" no fueron más que un recambio de elites, sin que se produjeran alteraciones profundas en la sociedad. Las verdaderas revoluciones no tienen fecha y hora precisas, aunque determinados eventos políticos puntuales puedan ser fundamentales para su desarrollo. Por ejemplo, las *revoluciones burguesas* que pusieron fin al feudalismo fueron procesos largos de cambio social, que en muchos casos no requirieron *ningún* "asalto al poder", y que en algunos otros casos necesitaron *más de uno*.

95

Para el nuevo anticapitalismo la revolución no es un evento que sucederá en el *futuro*, y por el que hay que *esperar*. La revolución está en curso; sucede todos los días, cada vez que los hombres y las mujeres desarrollan nuevas formas de resistir al poder y crean nuevas grietas de autonomía. Cada vez que se crean espacios autogestionados, no-mercantiles, e igualitarios se está haciendo la revolución. La revolución es lo que la *comunidad* de los que luchan produce, cuando en sus propias luchas establecen relaciones de nuevo tipo.

Antonio Negri

Resaltar el carácter *cotidiano* de la revolución no quiere decir que las *rupturas* no sean fundamentales. Muchas veces, como parte de la resistencia, los movimientos sociales *inventan* formas novedosas o generan *acontecimientos* inesperados e impensados. Estas *rupturas* son fundamentales para el paso de la resistencia a la construcción de un mundo nuevo.

4. Horizontalidad

La idea de "la revolución *hoy*" implica que las *prácticas* y las *formas* de organización de las nuevas luchas anticapitalistas *anticipan* o *prefiguran* la sociedad que deseamos construir. Al considerar las luchas y la organización como meros *medios* que permitirían *en el futuro* llegar a un *fin* (la revolución), la izquierda tradicional descuidó las potencialidades liberadoras que la propia organización y la lucha ofrecen. En nombre de la "eficacia", se crearon estrategias y formas organizativas jerárquicas, opresivas, competitivas o discriminadoras.

Los partidos *leninistas* producen una división muy profunda entre los dirigentes que *toman las decisiones* y los militantes que *los siguen*. La división entre *dirigentes* y *dirigidos* se reproduce en la relación de la organización con el resto de la sociedad: el Partido se considera la "vanguardia" que conduce a "las masas". En la práctica, la relación de *representación* se convierte en *sustitución*: el Partido termina *sustituyendo* a las masas que dice *representar*.

Este tipo de organizaciones jerárquicas, donde además se exige la pertenencia *exclusiva* de los militantes (nadie puede pertenecer a más de un partido), produce con frecuencia relaciones de competencia, desconfianza mutua y sectarismo, más que de cooperación, solidaridad y unidad en la diferencia.

Cada partido busca acumular la mayor cantidad de apoyos, y teme que otro partido rival se los quite. Cada miembro se ve en la necesidad de dar muestras de *lealtad* permanentemente, y teme que alguna de sus opiniones genere sospechas.

El nuevo anticapitalismo sabe que, si la idea es crear un mundo de igualdad, autonomía, libertad y solidaridad, no se puede empezar fomentando todo lo contrario, porque *los medios coinciden con los fines*. La *comunidad de los que luchan* –incluidas sus estrategias y sus formas de organización– *anticipa* el mundo que se busca construir.

Existe un debate dentro del nuevo anticapitalismo. Algunos opinan que horizontalidad significa el rechazo de cualquier forma de *representación*; otros piensan que es útil elegir representantes, aunque siempre con facultades limitadas. Para evitar que éstos terminen *sustituyendo a los representados* se utiliza la elección por tiempo limitado y sin posibilidad de reelección, los mandatos vinculantes, la revocabilidad de cualquier representante, funciones rotativas y/o por sorteo, etcétera.

Pero horizontalidad no sólo significa un modo de funcionamiento democrático *asambleario*. También supone un esfuerzo permanente por eliminar cualquier forma de *elitismo* o *jerarquización* entre los miembros. En cualquier grupo hay quienes tienen más educación, más experiencia, más recursos económicos, mejores contactos, más energía o, simplemente, más carisma que otros. Estas diferencias habitualmente implican que las personas más favorecidas al final tengan más influencia en las decisiones que los demás. La horizontalidad constituye toda una *cultura* diferente, que aspira a que todos tengan las mismas posibilidades de hacer valer sus puntos de vista, y que nadie pueda *acumular* más autoridad que los demás. Por eso, las organizaciones horizontales ponen mucho esfuerzo en la permanente *socialización de los saberes y de los recursos*.

5. Estructuras en red

Existen dos enemigos de la autonomía y la horizontalidad: los grandes números y las grandes distancias. Es muy difícil mantener un funcionamiento horizontal efectivo si participan cientos de personas, o si éstas no viven lo suficientemente cerca como para reunirse con regularidad. Siempre que ese es el caso, surge alguien que propone *jerarquizar* y *centralizar* la conducción del grupo para ganar en efectividad. Para solucionar este dilema, el nuevo anticapitalismo está desarrollándose en estructuras de coordinación y organización *en red*. Una red es una trama de vínculos *voluntarios* y *laxos* entre personas u organizaciones *autónomas*.

Subcomandante Marcos

Una red se establece cuando los grupos participantes o *nodos* encuentran que tienen algún interés en común, y que pueden intercambiar información o recursos, y actuar coordinadamente. Los nodos pueden debatir a la distancia y llegar a consensos que les permitan tomar decisiones unificadas. Pero esto no implica que cada uno pierda o *delegue* su capacidad de decidir por sí mismo: la horizontalidad y la autonomía se mantienen.

A diferencia de las redes, las organizaciones jerárquicas y centralizadas típicas de la izquierda tradicional se parecen a la estructura de los árboles: un "tronco central" único, del que salen "ramas principales", de las que, a su vez, salen "ramas menores". Comparadas con los "árboles", las redes tienen una serie de ventajas; por ejemplo, permiten una *comunicación más libre y fluida*, ya que cada *nodo* puede establecer vínculos *horizontales* con cualquier otro a voluntad. Por el contrario, las ramas de un árbol sólo pueden comunicarse "verticalmente" entre sí pasando *primero* por el tronco. Y si, por ejemplo, el centro de decisiones y comunicaciones de un partido decide *bloquear* una propuesta de un comité regional, o simplemente falla, el flujo de la comunicación se interrumpe.

Las estructuras centralizadas desincentivan la creatividad y las innovaciones locales, que siempre se espera que vengan "de arriba".

Las redes son más sensibles a las *realidades y necesidades locales*, y facilitan el establecimiento de *alianzas puntuales, flexibles y pluralistas*. Por ejemplo, el *comité central* de un partido puede decidir no establecer contactos con tal grupo político. Pero quizás en alguna región, por motivos particulares, tales relaciones sean indispensables. En ese caso, un nodo no dudaría en entrar en red, mientras que la "rama" de un árbol debe esperar que el "tronco" comprenda y apruebe el vínculo.

Además, al contrario de lo que suele pensarse, las estructuras centralizadas y jerárquicas son mucho más *vulnerables* que las redes.

Félix Guattari
(1930-1992)

Gilles Deleuze
(1925-1995)

Por el contrario, una estructura tipo "árbol" entra toda ella en colapso si el centro falla o es destruido. Los anales de las organizaciones sindicales y de izquierda están llenos de historias de "burocratización", "errores trágicos", o "traiciones" de dirigentes que han comprometido movimientos enteros. Para el nuevo anticapitalismo, sencillamente no hay necesidad de que la suerte de toda una lucha quede en manos de un *centro*, un puñado de personas que puede fácilmente equivocarse, corromperse o ser destruido.

Otra ventaja de las redes está en la forma en que crecen. Los partidos políticos, por ejemplo, crecen *por acumulación*, tratando de sumar cada vez más adherentes, militantes y recursos. Las estructuras en red se comportan como la vida, que se expande creando cada vez más y nuevos organismos autónomos. Como las células, las redes crecen *por multiplicación*, no tanto aumentando el número de personas y la cantidad de recursos de *un* grupo, sino impulsando la creación de *nuevos nodos*. Cuanto más nodos hay, y más variados son, la red es más fuerte.

Preferir las etructuras en red no quiere decir que nunca deban utilizarse estructuras con algún grado de centralización. Éstas pueden ser necesarias o convenientes para algún caso puntual. Lo importante es no subordinar las redes a ningún centro o autoridad permanente.

6. Multiplicidad

Una diferencia fundamental entre el nuevo anticapitalismo y las tradiciones de izquierda anteriores está en la *cuestión del sujeto*: la pregunta acerca de cuál es el grupo social que protagoniza el camino hacia la emancipación. Es un tema de gran importancia, ya que orienta la totalidad de las prácticas políticas.

Los movimientos de liberación nacional, por ejemplo, ponían sus esperanzas en "el Pueblo", concebido como una especie de bloque formado por campesinos, trabajadores, pequeños empresarios, y todos aquellos que defendían los "intereses nacionales" contra el imperialismo.

La izquierda tradicional prefirió confiar en la "clase obrera" industrial como sujeto histórico capaz de liderar el enfrentamiento con a la burguesía.

El nuevo anticapitalismo concibe al sujeto como algo más indefinido, móvil, plural y ubicuo que lo que solía pensarse. El capitalismo afecta a la enorme mayoría de los seres humanos, aunque de formas muy diferentes.

Los *trabajadores* –y no sólo los obreros industriales– tienen muy buenos motivos para luchar contra un sistema que los explota. Pero también los tienen los *campesinos* y los *pueblos indígenas*, los *grupos étnicos o nacionales* discriminados y agredidos, las *mujeres*, los *consumidores*, los *artistas, periodistas* e *intelectuales*, los *estudiantes* y *usuarios de servicios públicos*, los *ecologistas*, los *defensores de los derechos humanos* y los *pacifistas*, y muchos otros. El capitalismo no sólo los violenta, divide y explota; también le quita a cada uno de ellos la capacidad de decidir sobre distintos aspectos de sus vidas.

La izquierda tradicional establecía una *jerarquía* entre los intereses de los diferentes sujetos: los más importantes eran los de la clase obrera, o los del "Pueblo". Los demás tendrían que *posponer* sus reclamos hasta que "la Revolución" trajera la felicidad para todos y, mientras tanto, *subordinarse* a las luchas obreras o "nacionales".

El nuevo anticapitalismo rechaza la idea de que haya un sujeto *privilegiado*, predestinado a emancipar a todos los demás: la emancipación se piensa como el resultado de las luchas que *cada uno* de los sujetos encara a su manera. Para la izquierda tradicional, esta *multiplicidad* es un obstáculo para el proceso de homogeneización y disciplinamiento que la estrategia de la "toma del poder" necesita. Por el contrario, el nuevo anticapitalismo *estimula* la multiplicidad, ya que sirve para potenciar la lucha.

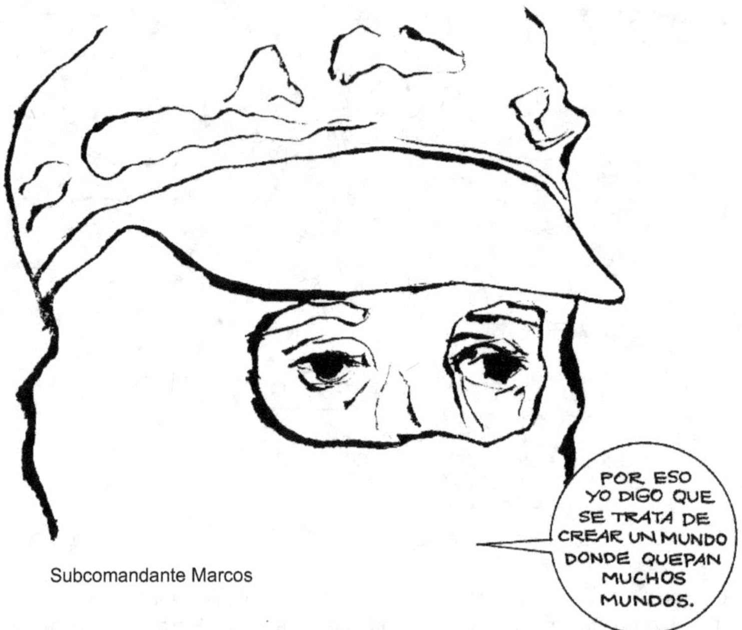

Subcomandante Marcos

Para el nuevo anticapitalismo, la *unidad en la diversidad* se va construyendo mediante la *negociación de las diferencias*. La *articulación* de los distintos sujetos sólo se logra partiendo del *reconocimiento mutuo*. Cuando se encuentran en la lucha, en pie de igualdad, cada sujeto tiene la posibilidad de *reconocer* la validez de las demandas, proyectos y formas de organización de los demás.

Los sujetos se "adaptan" el uno al otro para poder marchar juntos. Reconocer al otro no es sólo aceptarlo, sino también "dejarse contaminar" por él.

Para el nuevo anticapitalismo, cambiar el mundo es algo demasiado importante como para dejarlo sólo en manos de los activistas. Más bien, se trata de crear espacios para que el anticapitalista que la mayoría de las personas comunes lleva dentro –incluso quienes dicen que no se interesan por "la política"– pueda salir a la luz. Un anticapitalismo capaz de hablar el lenguaje de la gente común supone varias cosas:

- *preocuparse por las personas y sus problemas concretos, y no considerarlas como simples* objetos *para lograr fines políticos;*

- *crear formas de lucha que permitan que* todos *puedan involucrarse,* cada uno según sus posibilidades o deseos, *sin necesidad de abandonar las obligaciones y placeres de la vida privada;*

- *trabajar pacientemente en la* educación popular.

El reconocimiento de la naturaleza *múltiple* y *plural* del sujeto político implica también cambios en la forma en que se toman las decisiones. Muchos grupos y redes del nuevo anticapitalismo prefieren las decisiones *por consenso*, antes que aquéllas en las que la mayoría "gana" y la minoría "pierde". El esfuerzo por encontrar consensos que satisfagan *también* las necesidades de las minorías es parte de la voluntad por *reconocer al otro* y no dejarlo al margen.

Subcomandante Marcos

Este sujeto plural y múltiple todavía no tiene nombre, y quizá no lo necesite. Algunos empiezan a llamarlo "la multitud", justamente para reflejar que no es una o varias *clases* estables, sino que tiene un carácter múltiple. "Multitud" es preferible a "pueblo", porque éste refiere a un conjunto de personas reconocidas y constituidas como "pueblo" por un Estado nacional. Y la multitud lucha más allá –y muchas veces en contra y por fuera– del marco de los Estados nacionales.

7. Una política para cada situación

El nuevo anticapitalismo prefiere definir sus estrategias y acciones políticas en cada situación. Esto significa que es mejor organizar las luchas prestando mucha atención a la situación local y a las características propias del grupo que está luchando, y del tipo de lucha que protagoniza.

Naomi Klein
(1970-)

Por el contrario, las tácticas de la vieja izquierda suelen ser siempre más o menos similares: piden que cualquier situación se encuadre en un "programa" y en las formas de lucha que ya se conocen de antemano, y que han sido diseñados fuera de la situación específica (frecuentemente, muchas décadas antes). Siempre saben "qué hacer", sin necesidad de pensar demasiado la cuestión.

En segundo lugar, tener "una política para cada situación" significa luchar contra las manifestaciones *concretas* del capitalismo, contra las formas en que afecta la vida de cada grupo particular de personas. En cada momento y lugar, se trata de potenciar lo más posible las posibilidades de liberación, de autoorganización y de aprendizaje que ofrece una situación dada. El logro de objetivos puntuales (incluso si parecen "pequeños") y el desarrollo de nuevas y mejores formas de vida y de organización constituyen resultados valiosos en sí mismos. Por el contrario, la vieja izquierda a menudo se enfrenta contra una idea *general* y *abstracta*, contra el "sistema capitalista", desmereciendo los desarrollos puntuales de cada lucha particular.

A la izquierda tradicional sólo le interesa una lucha concreta si se adapta a su "programa", si adopta sus consignas, y si constituye un "avance" en el camino hacia su meta final, la abolición del "sistema capitalista". Y, como creen que "saben" más que los demás acerca de qué hacer y cómo hacerlo; a veces intentan manipular las luchas concretas para que encajen en su "programa", en su propia *estrategia de poder*.

En la política de la izquierda tradicional, las personas y las organizaciones involucradas en una situación de lucha terminan siendo considerados sólo como *objetos* para los fines políticos *generales*; el militante tradicional siempre espera obtener *algo más* que lo que está en juego en una situación de lucha particular. Y las luchas sólo "le sirven" si empujan en el sentido que espera. Si no lo hacen, el problema sería que los sujetos "no están preparados", les falta "conciencia" o "dirección".

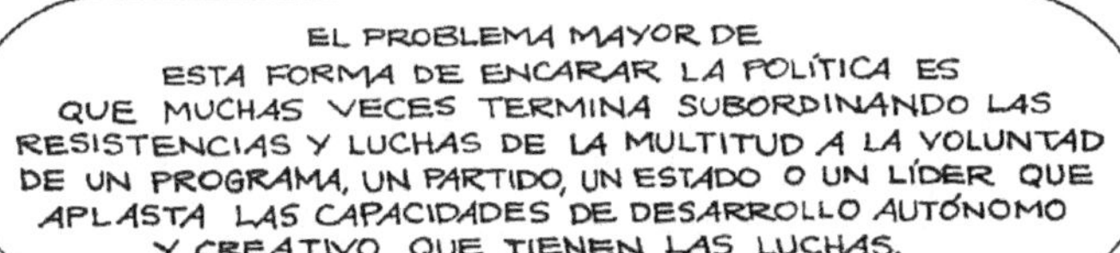

Entonces ¿las ideas generales no sirven para nada? ¿Los que están en una situación no pueden aprender de otras? Claro que pueden. Pero hay una diferencia de actitud fundamental. El militante tradicional suele participar en las situaciones de lucha "desde afuera", les dice a los demás qué deben hacer y cómo hacerlo, y les marca el camino "correcto"; siempre tiene una opinión para todo.

El activista del nuevo anticapitalismo, por el contrario, sabe que escuchar es más importante que hablar bien. Utiliza la experiencia que pueda tener de otras luchas, o el conocimiento general, como una especie de "mediador" cultural que conecta los saberes creados en diferentes situaciones de lucha, y los pone a disposición de los demás. Pero siempre "aprende" de cada situación cuál es la política más apropiada.

Estos dos modelos de militante están relacionados con dos concepciones acerca de qué es "la verdad" y cómo se define "lo correcto" en política. La izquierda tradicional tiende a considerar que existe una única "verdad objetiva", que está más allá de los distintos puntos de vista. Y es esta "verdad" la que indica cuál es el camino correcto; los que conocen la verdad son los que "saben" qué hacer en política.

En general, los nuevos militantes anticapitalistas prefieren separar la cuestión. Una decisión política *correcta* es, antes que nada, aquélla que surge del consenso y el acuerdo de los que están en lucha en una situación dada. Aun si hubiera *una* verdad –y muchos dudan que esto pueda ser así–, ella sólo puede surgir de cada situación. Y nadie puede tener la pretensión de que "sabe más", o de que "conoce mejor" que los demás.

Subcomandante Marcos

8. Globalización de las luchas

Ya desde sus orígenes, la tradición de izquierda comprendió que el capitalismo es un sistema *mundial*, y que la lucha contra él sólo podría triunfar si era *internacionalista*. Sin embargo, el compromiso de las principales corrientes de izquierda con el internacionalismo fue decayendo con el tiempo.

- Durante la Primera Guerra Mundial, los socialdemócratas cedieron ante la ola de patrioterismo y terminaron apoyando la guerra.

- Los movimientos de liberación nacional adoptaron un discurso fuertemente *nacionalista* para luchar contra el *imperialismo*.

- La izquierda leninista se mantuvo siempre internacionalista, pero como creían ante todo que había que tomar el poder del Estado (nacional), tendieron casi siempre a privilegiar la organización y la acción *dentro de cada nación*.

Muchos autores han señalado la inutilidad de seguir poniendo todas nuestras esperanzas en cambios en el nivel de los espacios *nacionales*, porque la *globalización* ha reducido la capacidad de maniobra y de decisión de los Estados nacionales de forma *irreversible*.

Antonio Negri (1933-)

Michael Hardt (1960-)

Por eso, los anticapitalistas tienden hoy a poner un poco menos de energía en organizar luchas en el ámbito *nacional*, para atender otros dos espacios: el de lo *local* –la región, la ciudad, el barrio, el lugar de trabajo, etc.– y el de lo *global* –luchas coordinadas contra corporaciones internacionales, acciones contra las reuniones cumbre, sindicalización transnacional, etcétera.

Como el capitalismo ya no tiene un *centro*, y ya que los Estados-nación forman parte de la *máquina de dividir* a las personas (y además han perdido gran parte de sus atribuciones), *globalizar las luchas* es una necesidad imperiosa. La globalización de las resistencias anticapitalistas (o "globalización de los de abajo") significa atacar al capitalismo en todas partes y no aceptar las condiciones políticas que éste impone, por ejemplo, cuando establece que una persona pierde todo derecho político si sale del territorio ocupado por su Estado-nación.

Globalizar la resistencia no necesariamente implica olvidarse de la política en el ámbito nacional, ni mucho menos disolver u oponerse a los elementos propios de cada *cultura nacional*. Significa *articular* nuestras luchas *locales* con la perspectiva y las redes de la resistencia *global*, sin que por ello pierdan el "color" y el "sabor" locales.

9. Acción directa y desobediencia civil

El nuevo anticapitalismo respeta el principio de *pluralidad de tácticas*: cada grupo puede luchar de las formas que quiera o pueda, y no es necesario que todos lo hagamos *igual* para que podamos hacerlo *juntos*. Sin embargo, hay algunas tácticas que se destacan dentro del nuevo anticapitalismo: las de *acción directa* y las de *desobediencia civil*. *Acción directa* significa realizar *uno mismo* las acciones necesarias para forzar un cambio, antes que esperar que las autoridades lo hagan. Cuando votamos por un candidato que promete hacer lo que queremos, cuando juntamos firmas o hacemos peticiones a los gobernantes, estamos confiando en tácticas *indirectas*: nosotros *pedimos* y *otros* (en el mejor de los casos) son los que *hacen*.

Acción directa significa salir de la *pasividad* política y hacer las cosas *uno mismo*, o realizar una acción que *obligue* a las autoridades a obrar en el sentido deseado.

Las acciones de *desobediencia civil* suponen quebrar o desobedecer leyes de forma *colectiva* y *abierta*. Muchas *acciones directas* son a su vez formas de *desobediencia*, y viceversa. Por ejemplo, cuando los *Desobedientes* italianos invaden campos de concentración para inmigrantes ilegales y los liberan. Pero no todas las formas de acción directa suponen violar una ley, ni son necesariamente públicas y abiertas. Y no todas las formas de desobediencia suponen realizar una acción: muchas veces se trata de *no realizarla*, de resistirse *pasivamente* a cumplir una ley.

Lo importante es distinguir este tipo de tácticas de las predominantes en la izquierda tradicional, que muchas veces se basan casi únicamente en la acción "indirecta" y la vía electoral. Cuando funcionan bien, las tácticas de *acción directa* y de *desobediencia civil* permiten obtener resultados *concretos* e *inmediatos*. Sirven para desafiar los límites de lo permitido, y siempre dan a quienes las realizan una sensación de estar participando de forma más *real*, de ser *protagonistas*.

El nuevo anticapitalismo considera que vivimos bajo una *dictadura del capital*. Por eso las tácticas de *acción directa* y de *desobediencia civil* pueden no ser legales, pero sí son *legítimas*. Esto no significa que un anticapitalista pueda realizar cualquier acción que se le antoje: parte fundamental de las políticas del nuevo anticapitalismo es *construir* la *legitimidad* de sus acciones. Siempre se trata de establecer una comunicación fluida con la sociedad, de "ida y vuelta", de modo que amplias porciones de la población aprueben (o por lo menos no rechacen) tanto los reclamos como los métodos que se utilizan para hacerlos valer.

- **CONSEJOS PRÁCTICOS SOBRE ACCIÓN DIRECTA Y DESOBEDIENCIA CIVIL**
  www.noviolencia.org/publicaciones/20puntos.pdf
  www.starhawk.org/activism/activism-resources.html
  www.actupny.org/documents/CDdocuments/Guidelines.html
  www.ruckus.org/man

10. Creatividad y alegría

Una de las diferencias más importante entre el nuevo anticapitalismo y la izquierda tradicional está en algo difícil de definir y que no se encuentra en los libros ni en las teorías: su *cultura militante*.

Al concebir la política emancipatoria no como una *guerra*, sino como un trabajo de *creación* permanente, la relación de los militantes entre sí y con su actividad política cambia sensiblemente.

IZQUIERDA TRADICIONAL Cultura de la Guerra	NUEVO ANTICAPITALISMO Cultura de la Creación
Se valora el "sacrificio" por una causa.	*Se valora la creación de una vida plena y feliz.*
Los intereses individuales se disuelven en lo colectivo.	*Lo colectivo incluye y acepta los intereses individuales.*
Se condenan las dudas y vacilaciones.	*Se acepta el "no saber" como parte fundamental de la vida.*
La vida privada se posterga.	*La vida privada es fundamental.*
Costumbres austeras y "grises".	*Se acepta el gozo de los placeres mundanos y el "color".*
Intolerancia frente a la debilidad y los errores.	*Comprensión de las falencias de todo ser humano.*
Se valora el arrojo que no mide consecuencias.	*Se valora el coraje pero acompañado por la sensatez.*
Se hace un culto de los muertos como "héroes" y "mártires".	*Culto a la vida y a los luchadores de todos los días.*
Militantes separados del mundo de la gente común.	*Militantes integrados.*
Disciplina rígida.	*Compromisos flexibles.*
Militantes "enojados".	*Militantes "alegres".*

Como la revolución es *hoy*, para el nuevo anticapitalismo la felicidad no es algo que se encuentre al final del camino. La *comunidad* de los que luchan es *en sí misma* un ámbito de alegría, satisfacción y realización personal.

Esta cultura militante diferente se refleja muchas veces en el aspecto de las luchas y acciones del nuevo anticapitalismo, sus formas festivas o carnavalescas, o la utilización de la "frivolidad táctica" durante ciertas acciones para dificultar la represión policial (vestirse como un payaso, repartir flores, etcétera).

Esta nueva cultura militante también se refleja en una relación mucho más estrecha entre el *arte* y la política. La actividad de los "guerreros" de la cultura militante tradicional dejaba un espacio reducido para la utilización de formas artísticas, que en el mejor de los casos se consideraban como un "accesorio". Pero al hacer de la *creación* de un mundo nuevo *aquí y ahora* la tarea principal del activista, el nuevo anticapitalismo se acerca como nunca a la labor del artista. La *creatividad* es algo que ambos comparten.

Prueba de esto es el papel fundamental y protagónico que desempeñan muchos grupos de *arte político* dentro del nuevo anticapitalismo, tanto en la educación popular y la transmisión de mensajes, como en la realización de acciones directas.

Movimientos, redes y acciones
del nuevo anticapitalismo

No todos los ejemplos concretos que se ofrecen a continuación reúnen
todas y cada una de las características del nuevo anticapitalismo
(puede que ni siquiera se llamen a sí mismos "anticapitalistas"). Algunos
son movimientos pequeños, otros masivos. Algunos quizá duren por
décadas, otros ya desaparecieron, o tal vez desaparezcan muy pronto.

Pero lo importante no es la "pureza" de los ejemplos, o las palabras
que usen para identificarse; mucho menos su tamaño o permanencia.

Los casos seleccionados son los que muestran las mayores
potencialidades para el surgimiento del nuevo anticapitalismo,
los que crean en su práctica una subjetividad distinta, y aquéllos
que han abierto *nuevos horizontes* y formas de lucha.

En ello reside su valor.

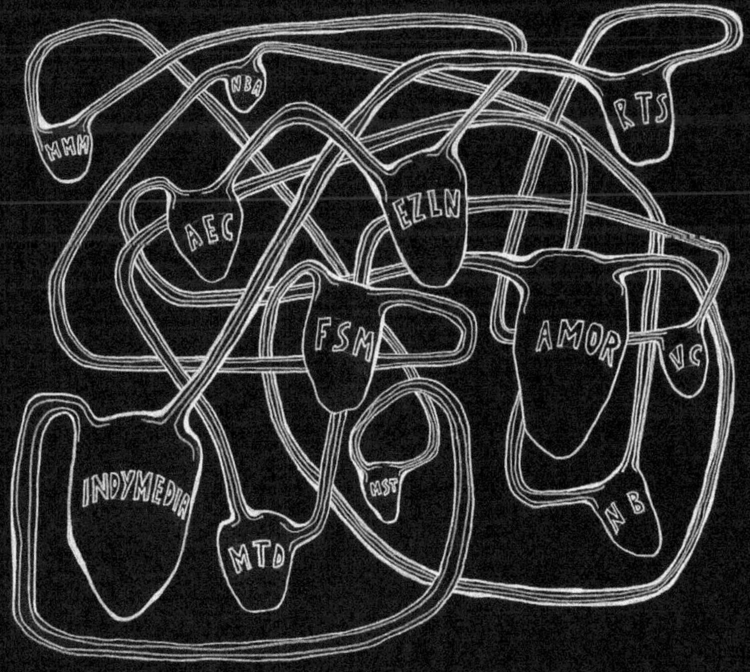

Los pueblos originarios abren el juego: los zapatistas

Aunque diferentes grupos políticos en todo el mundo contribuyeron al nacimiento del nuevo anticapitalismo, fueron los pueblos originarios los que generaron el primer movimiento visible a nivel internacional. Postergados durante 500 años, sometidos a la dominación blanca y cada vez más acorralados por la expansión capitalista, los pueblos originarios del sur de México decidieron reactualizar su larga tradición de luchas para defender su modo de vida; pero esta vez lo hicieron de una forma novedosa.

El 1º de enero de 1994, luego de 10 años de preparación, los aborígenes de la zona de Chiapas dieron a conocer sus demandas por medio de la rebelión del *Ejército Zapatista de Liberación Nacional* (EZLN). Tras doce días de combates, la sociedad mexicana se movilizó masivamente pidiendo que el gobierno escuchara las demandas de los zapatistas. Las tropas estatales tuvieron que retroceder y, desde entonces, el EZLN abandonó voluntariamente la lucha militar, ganándose el apoyo de los mexicanos y del mundo entero.

La política de los zapatistas resume la mayoría de las características del nuevo anticapitalismo. A pesar de ser un ejército y de haber utilizado tácticas de lucha armada, su discurso está lejos de ser militarista.

La práctica zapatista rechaza las *jerarquías* férreas y la idea de *vanguardia*, y prefiere trabajar en el logro de *consensos amplios* entre el movimiento social. Para ellos se trata de "mandar obedeciendo", y de "caminar al paso del más lento".

Los famosos mensajes de su vocero, el subcomandante Marcos, de *tono alegre* y plenos de *poesía*, no hablan de destrucción, sino de *construcción* de un mundo nuevo basado en el *respeto* de la *diversidad*. Los zapatistas rechazan la idea de imponer un "sistema" o una "verdad" nueva: para ellos se trata de "crear un mundo donde quepan muchos mundos".

Los zapatistas han manifestado enfáticamente que no se proponen "tomar el poder", sino algo mucho más profundo: *abolir las relaciones de poder*. Por ello, el proyecto zapatista también recoge la idea de la autonomía: los indígenas insurgentes han trabajado para transformar la zona de Chiapas en un territorio liberado, en el que puedan construir cotidianamente el mundo en el que quieren vivir. La revolución, para ellos, no es un *acontecimiento* ni una meta a alcanzar, sino un *proceso* continuo de creación de un mundo nuevo.

El reconocimiento de la *diversidad* de luchas, ninguna de las cuales puede considerarse *prioritaria*, aparece permanentemente en el discurso zapatista.

Los zapatistas fueron los primeron en contribuir a la formación de *redes internacionales* que conectaran las luchas de los diversos sectores en todo el mundo. Acudiendo a un llamado lanzado por este movimiento, en julio de 1996 se reunieron en Chiapas activistas de más de cuarenta países. El *Primer Encuentro Intercontinental por la Humanidad y Contra el Neoliberalismo* –así se llamó– se considera la primera convocatoria internacional contra la globalización capitalista.

En 1997 se produjo el *Segundo Encuentro*, esta vez en Barcelona. De allí salió la iniciativa de crear *Acción Global de los Pueblos* (AGP), una de las redes más importantes de movimientos sociales de todo el mundo, cuya primera conferencia se celebró en 1998. Desde entonces, la AGP se mantiene activa y se ha constituido en un faro para los luchadores sociales de movimientos indígenas, campesinos, de trabajadores y otros.

- **CONTACTOS**
  EZLN: www.ezln.org

- **MÁS INFORMACIÓN SOBRE MOVIMIENTOS INDÍGENAS**
  www.conaie.nativeweb.org
  www.iwgia.org

Los campesinos defienden su modo de vida: el Movimiento Sin Tierra y Vía Campesina

Los campesinos han sido uno de los sujetos sociales más activos en el surgimiento del nuevo anticapitalismo. El *Movimiento Sin Tierra* (MST) de Brasil, en el que participan más de un millón y medio de campesinos de veintitrés estados, es un buen ejemplo.

El MST fue creado en 1985, como respuesta al avance de los latifundios y la tecnificación de la agricultura propiciadas por la dictadura militar, que habían desplazado de las tierras a miles de familias.

El MST concibe su lucha por la reforma agraria dentro del proyecto más general de creación de una sociedad igualitaria y "sin explotadores", basada en la solidaridad y en "nuevos valores". La recuperación de la "dignidad" de los pobres y oprimidos supone para el MST una verdadera "revolución cultural". Aunque la estructura organizativa del MST reconoce liderazgos, éstos tienden a ser más laxos que los de los movimientos tradicionales; parte de su trabajo político fundamental consiste en el desarrollo de la capacidad de decidir de cada uno de los campesinos mediante la utilización de métodos no jerárquicos.

La *acción directa* es un componente fundamental de la lucha del MST. A lo largo de su historia, además de realizar marchas y huelgas de hambre, han tomado para sí miles de hectáreas de tierra en manos privadas, han realizado ocupaciones de haciendas, edificios públicos y de empresas multinacionales, e incluso han recurrido a la destrucción de plantaciones de transgénicos.

Aunque el MST ha participado en la construcción del *Partido de los Trabajadores*, mantuvo siempre un lugar autónomo, sin subordinar su movimiento a los requerimientos y los tiempos de la política electoral. La construcción de espacios de *autonomía* es un componente fundamental de la lucha del MST. Parte de su trabajo consiste en la organización de agroindustrias y cooperativas autogestivas de producción, comercialización, servicios y crédito, que permitan a los campesinos librarse de las garras de las grandes empresas. El esfuerzo que pone el MST en la educación, impartida en cientos de escuelas propias, es otro ejemplo de la construcción de autonomía. El internacionalismo, la defensa de la naturaleza y la igualdad de géneros son aspectos centrales de la política del MST.

Organizaciones campesinas de casi todo el mundo, incluyendo al MST, se han agrupado a partir de 1992 en un gran movimiento mundial llamado *Vía Campesina* (VC). VC se define como un espacio "autónomo" y "pluralista" de coordinación de las luchas de los pequeños y medianos productores rurales contra el neoliberalismo. Parte de sus reivindicaciones son el logro de la "soberanía alimentaria" para todos los pueblos, la reforma agraria, la "propiedad social de la tierra", una "agricultura campesina sostenible", la igualdad de géneros, la defensa de los derechos humanos, y la protección de la "biodiversidad".

VC reconoce la necesidad de articularse con otros sectores sociales de todo el mundo en una lucha común; por ello tiene un papel muy activo en el movimiento de resistencia global, y ha participado de acciones globales como la *Batalla de Seattle*, entre otras.

- **CONTACTOS**
  MST: www.mst.org.br o www.mstbrazil.org
  Vía Campesina: www.viacampesina.org

* *Consigna utilizada por Vía Campesina durante las jornadas de Seattle.*

Los trabajadores se niegan a vivir en la exclusión: los Piqueteros y las Fábricas bajo control obrero

Los trabajadores son también uno de los principales grupos sociales que participan del nuevo anticapitalismo. El desempleo crónico, la pobreza extrema y la exclusión han impulsado algunas de las experiencias más radicales del nuevo anticapitalismo.

Un buen ejemplo es el de los *piqueteros* del *Movimiento de Trabajadores Desocupados Solano* (MTD) de la Argentina, que comenzó a organizarse en 1997. El MTD agrupa tanto a trabajadores que han perdido su empleo como a jóvenes que nunca tuvieron uno.

Su objetivo primordial es conseguir trabajo, recuperar la "dignidad" y lograr el "cambio social", empezando por sus propias prácticas. La estructura organizativa del MTD es *horizontal*: funcionan de forma *asamblearia*, no tienen representantes fijos, prefieren decidir *por consenso*, y emplean gran parte de su esfuerzo en proyectos de *educación popular* que permitan a todos participar en las decisiones; rechazan los "programas" y las verdades cerradas, y prefieren la *multiplicidad* y la *diversidad*.

La construcción de la *autonomía* es el principio orientador de su política. Para el MTD, se trata de fortalecer los espacios y los lazos sociales de nuevo tipo que se van tejiendo en la lucha, y que son diferentes a las relaciones capitalistas. Por eso declaran que no hacen "política de coyuntura" y no participan en elecciones para cargos públicos. Parte fundamental de la construcción de un "contrapoder" tiene que ver con la creación de proyectos de economía *autogestiva* –panaderías, bloques para la construcción, etc.–, que el MTD organiza con criterios no-mercantiles e igualitarios.

La *acción directa* es otro de los principios rectores del MTD. Una de sus principales tácticas de lucha son los famosos *piquetes*, bloqueos de ruta mediante los cuales se impide la circulación de la mercancía. La articulación con otros sectores sociales es parte fundamental de la política del MTD, que ha impulsado la creación de espacios de coordinación con organizaciones campesinas, agrupaciones estudiantiles, asambleas vecinales, y otras. En el plano internacional, han demostrado gran interés por el contacto con organizaciones y experiencias de otros países.

También en la Argentina, otros trabajadores han encontrado maneras novedosas de resistir la desocupación mediante tácticas de *acción directa*. Desde fines de 2001, más y más obreros se niegan a transformarse en desocupados cada vez que a los empresarios se les antoja trasladar sus capitales a lugares que ofrecen mayores ganancias. Ante la perspectiva del desempleo forzado, muchos obreros deciden ocupar las fábricas que amenazan con cerrar, y las ponen a trabajar ellos mismos, en forma autogestiva. El movimiento de las *Fábricas bajo control obrero* combina la acción directa con una forma particularmente práctica de la *horizontalidad* y la *autonomía*.

- **CONTACTOS**
  MTD Solano: www.solano.mtd.org.ar
  Zanón (fábrica ocupada): prensaobrerosdezanon@neunet.com.ar
  Movimiento Nacional de Empresas Recuperadas: www.mner.org.ar
  www.fabricasrecuperadas.org.ar

Las mujeres contra la explotación y el patriarcado: la Marcha Mundial de Mujeres

Muchas feministas perciben que existe una relación estrecha entre el sistema capitalista y la explotación y la violencia que sufren las mujeres, especialmente en los países más pobres. Por eso la *Federación de Mujeres del Québec* concibió, en 1995, la idea de realizar una acción que conectara sus luchas a nivel internacional, en una coalición amplia con otros sectores.

La estructura organizativa de la MMM se basa en la larga experiencia de las feministas en la organización de grupos *horizontales* de reflexión e intercambio de experiencias; respeta la autonomía de cada grupo de base, y la diversidad regional y social; los proyectos de educación popular son una pieza clave de su estrategia para conseguir la igualdad de varones y mujeres, y la participación de éstas en las decisiones.

Las reivindicaciones de la MMM van más allá de las consignas feministas tradicionales, lo que les permite establecer coaliciones amplias con el movimiento de resistencia global. La "lucha contra la pobreza" implica, para la MMM, "atacar el dominio de un sistema económico único: el capitalismo neoliberal", y luchar por "la autonomía económica y social" de las mujeres. Por ello cuestionan fuertemente las políticas del Banco Mundial, la OMC, el FMI y la OTAN. Sus reivindicaciones incluyen el reconocimiento del trabajo doméstico impago, la eliminación de la deuda externa, la "distribución justa y equitativa de los recursos del planeta", el control social de los mercados financieros, la desmilitarización del mundo, etcétera.

TAMBIÉN CUESTIONAN LA *MERCANTILIZACIÓN* DE LOS CUERPOS A TRAVÉS DE LA PUBLICIDAD, EL RECORTE DE LOS GASTOS EN POLÍTICAS PÚBLICAS Y LA PRECARIZACIÓN DEL EMPLEO, TRES EFECTOS DE LA GLOBALIZACIÓN CAPITALISTA QUE GOLPEAN ESPECIALMENTE A LAS MUJERES.

El gran éxito de la acción del año 2000 impulsó a las participantes a transformar la coalición de la MMM en una red más o menos permanente. El encuentro internacional de mujeres de 2003 planea definir otra acción global para el año 2005.

- **CONTACTOS**
  MMM: www.ffq.qc.ca/marche2000

137

Los ecologistas defienden el planeta y los espacios públicos: Salven al Narmada y Reclaim the Streets

Uno de los efectos más nocivos del capitalismo es que está destruyendo la naturaleza y avanzando sobre los espacios públicos a un paso alarmantemente rápido. Cada vez más defensores del ambiente y de los espacios comunes descubren el vínculo entre sus luchas y el capitalismo. Un buen ejemplo es el movimiento *Salven al Narmada* (*Narmada Bachao Andolan*, NBA). NBA fue creado como parte de las luchas de los habitantes de la cuenca del río Narmada (India) contra la construcción de una represa destinada a proveer agua a las zonas industriales.

La creación de NBA en la década de 1980 consolidó una coalición amplia de grupos contrarios a la construcción de la represa, que también incluía contactos con movimientos ecologistas de la India y de otros países.

En una serie de importantes acciones directas y movilizaciones masivas, NBA consiguió imponer la idea novedosa de que los habitantes de una localidad tienen derecho a participar en las decisiones que afecten su hábitat, sean éstas tomadas a nivel local, nacional o incluso internacional.

De hecho, fue en parte gracias a la repercusión internacional de las luchas de NBA que el Banco Mundial –fuente de financiamiento e impulsor del proyecto de la represa– tuvo que revisar sus políticas y la forma en que tomaba sus decisiones: NBA forzó al Banco Mundial a incluir a los habitantes locales en la mesa de negociaciones, y a tomar en cuenta criterios de protección ambiental antes de financiar inversiones. En suma, la lucha de NBA fue una de las primeras que expuso la cuestión del *desarrollo sustentable*, y reclamó para los hombres y las mujeres comunes el derecho a decidir qué inversiones se realizan, y qué tipo de crecimiento económico es el que conviene a la humanidad.

Otro buen ejemplo es *Reclaim the Streets* (*Reclama las calles*, RTS), concebido en 1995 por un grupo de ecologistas radicales, *okupas* y artistas alternativos londinenses. La idea inicial de RTS era sencilla: interrumpir el tránsito mediante grandes *fiestas sorpresa* en la vía pública, como forma de protesta contra la privatización de los espacios públicos y la contaminación. En las "fiestas" de RTS llegaron a participar 20.000 personas, y pronto la idea se contagió a otros veinte países.

La *creatividad* es parte fundamental de RTS y su estilo carnavalesco no es obstáculo para la radicalidad: en una de sus fiestas más celebradas, los activistas de RTS perforaron el pavimento de una autopista en Londres y plantaron árboles como forma de transmitir el mensaje "Bajo el cemento… un bosque".

- **CONTACTOS**
  Sobre NBA y otros movimientos similares: www.narmada.org
  RTS: www.gn.apc.org/rts y www.reclaimthestreets.net

Los inmigrantes desafían las fronteras y el racismo: la red No Borders

Millones de personas en todo el mundo emigran para buscar suerte en tierras lejanas, enfrentando situaciones de superexplotación y discriminación. Para mantener a estas *multitudes nómades* bajo control, el capitalismo estimula diversas formas de racismo y severos mecanismos represivos; mediante los Estados-nación, limita los derechos políticos de aquéllos que clasifica como *extranjeros*. Por eso cada vez más inmigrantes exploran formas de organización que trascienden (e impugnan) las identidades *nacionales*. Un buen ejemplo es la red *No Borders* (*Sin Fronteras*, NB), que vincula colectivos antirracistas y anticapitalistas de varios países europeos.

NB trabaja colaborando en la organización de los inmigrantes "clandestinos". Mediante acciones directas e intervenciones culturales, ataca la existencia de los infames "centros de permanencia temporaria", verdaderos campos de concentración para inmigrantes ilegales. Sus acciones llaman la atención sobre la injusticia que significa que a los hombres y a las mujeres nos impidan circular libremente por donde nos plazca y nos priven de derechos si no tenemos "papeles" en regla.

Una de sus acciones más famosas son los "campamentos en la frontera",
encuentros de activistas e inmigrantes de un lado y del otro de una frontera,
en los que se elimina temporalmente la soberanía territorial de los Estados.

Mediante sus acciones, la red NB ha instalado la revolucionaria idea
de *ciudadanía global*, es decir, el reconocimiento de los derechos
políticos de los ciudadanos dondequiera que estén.

- **CONTACTOS**
  NB: www.noborder.eu.org
  Ninguna Persona es Ilegal: www.sindominio.net/ninguna

Los pobres resisten las privatizaciones: el Foro Contra las Privatizaciones

El sistema capitalista sobrevive a costa de concentrar permanentemente recursos en pocas manos, despojando y excluyendo a las grandes mayorías.

La *privatización* de los servicios públicos, por ejemplo, implica que más y más sectores de la población pierden la posibilidad de acceder al consumo básico. Por eso no es casual que encontremos elementos del nuevo anticapitalismo en las luchas contra las privatizaciones que se vienen llevando adelante en casi todo el planeta.

Un buen ejemplo son algunas de las organizaciones que componen el *Foro contra las Privatizaciones* de Sudáfrica (*Anti-Privatisation Forum*, APF). Creado en 2000, APF nuclea sindicatos, organizaciones territoriales, activistas, estudiantes y partidos de izquierda, para coordinar la lucha contra las privatizaciones y reclamar la provisión de agua y electricidad gratis para los más pobres. Parte de su campaña consiste en "la exposición pública de los propósitos del capitalismo y de la clase dominante", y la realización de talleres de educación popular en las comunidades de base.

Algunas de las organizaciones de APF han desarrollado tácticas de *acción directa* célebres en todo el mundo, como las de las famosas "brigadas de re-conexión" de Soweto, que se dedican a proveer conexiones ilegales de electricidad para aquellos que han sido desconectados por falta de pago.

La *Campaña contra los Desalojos* (*Anti-Eviction Campaign*, AEC) de Ciudad del Cabo es una organización *horizontal* formada por los habitantes de varios barrios humildes. Su objetivo es evitar los desalojos de quienes no pueden pagar las cuotas de sus viviendas a los bancos. Las tácticas de acción directa de la AEC incluyen la resistencia abierta al desalojo, la reinstalación de las familias desalojadas y la toma de edificios del gobierno, entre otras.

Mientras luchan todos los días contra el capitalismo en sus manifestaciones concretas, los sudafricanos construyen un mundo "no-privado", con relaciones sociales diferentes.

- **CONTACTOS**
  APF: www.apf.org.za
  AEC: www.antieviction.org.za

Comunicación alternativa: del arte político y la "guerrilla simbólica" a Indymedia

El capitalismo intenta controlar tanto la emisión como la recepción de los mensajes que intercambiamos cotidianamente. Restringe el acceso a la información y se apodera de los medios de comunicación a través de la publicidad, o directamente mediante la propiedad. Desde sus inicios, el anticapitalismo ha trabajado para la creación de formas de comunicación capaces de desafiar este *control cultural*, creando una prensa propia o utilizando el arte para transmitir mensajes políticos. Más novedosa es la utilización de técnicas de publicidad para crear interferencias y *subvertir* los mensajes de las corporaciones y los Estados.

DOS EJEMPLOS DE INTERVENCIONES DE GUERRILLA SIMBÓLICA DEL GRUPO CANADIENSE *ADBUSTERS*.

Estas tácticas de "piratería publicitaria" o "guerrilla simbólica", como las llaman algunos, comenzaron a ser utilizadas especialmente a partir la década de 1980.

Internet ha permitido también multiplicar los sitios y los medios de información independientes. La red internacional *Indymedia* es quizás el ejemplo más importante. El primer *Centro de Medios Independientes* (IMC) de la red se instaló en Seattle, en 1999, para cubrir las noticias de la protesta contra la reunión de la OMC en esa ciudad. Previendo que la prensa corporativa no brindaría información confiable, un grupo de activistas y periodistas independientes concibió la idea de crear un espacio y un sitio de Internet donde pudieran recopilar, editar y difundir su propia información.

Durante la protesta, el nuevo sitio de *Indymedia* recibió un número de visitas superior a un millón, más que las cadenas corporativas como CNN. El éxito inmediato que tuvo la idea demostró la importancia de contar con un medio alternativo de información.

El concepto de *Indymedia* combina el criterio de *autonomía* del nuevo anticapitalismo con una concepción *participativa* de la información. Los sitios son interactivos: además de las notas de los propios IMC, cualquier persona puede convertirse en periodista y publicar sus propias noticias. Aunque las características de cada IMC varían de una ciudad a otra, en muchos casos están gestionados de forma *horizontal* por colectivos de activistas voluntarios, abiertos a la participación de cualquiera. Los activistas-periodistas suelen establecer contactos intensos con los movimientos sociales, poniendo a su disposición los conocimientos necesarios como para que ellos mismos puedan producir y difundir su propia información.

En muy poco tiempo *Indymedia* ha conseguido crear un canal de información confiable, que se ha transformado en una herramienta fundamental para los movimientos sociales. Hoy existen sitios *Indymedia* en decenas de ciudades de todo el mundo, y millones de personas utilizan el servicio.

- **CONTACTOS**
  Indymedia: www.indymedia.org
  Adbusters: www.adbusters.org
  Art and Revolution: www.artandrevolution.org
  Grupo de Arte Callejero: www.gacgrupo.tripod.com.ar

Construyendo redes de comunicación y de acción: el Foro Social Mundial y otras experiencias

Desde hace algunos años, muchos de los movimientos del nuevo anticapitalismo están tejiendo redes de comunicación y de coordinación. Existen muchos ejemplos, como el de *Acción Global de los Pueblos* descripto más arriba, o la *Red de Acción Directa* (*Direct Action Network*), que coordina de forma horizontal colectivos orientados a ese tipo de acciones en decenas de ciudades de los Estados Unidos. Otra forma de coordinación de acciones son las "Campañas" por temas específicos.

Aunque no siempre significan un cuestionamiento del sistema capitalista, en algunas ocasiones estas *campañas* por temas *puntuales* también han servido para potenciar la crítica del capitalismo *en general*, e incluso para vincular colectivos anticapitalistas y coordinar acciones en común.

La experiencia del *Foro Social Mundial* (FSM) ha contribuido enormemente a la comunicación entre movimientos y organizaciones de todo el mundo. El primer encuentro del FSM se llevó a cabo en Porto Alegre (Brasil) en enero de 2001, convocado por una serie de organizaciones brasileñas y europeas.

El FSM esperaba funcionar como una especie de reunión paralela y contraria a la del *Foro Económico Mundial* de Davos (Suiza), que congrega a poderosos empresarios, gobernantes y "gurúes" del neoliberalismo. Pero los más de 15.000 activistas, representantes de movimientos sociales e intelectuales que intercambiaron experiencias e ideas en el primer FSM, superaron las expectativas iniciales. Desde su primera reunión, el FSM ha funcionado como una poderosa herramienta para la articulación de las luchas a nivel global.

El segundo FSM congregó a más de 50.000 personas de todo el mundo en jornadas de intensos debates. Ese mismo año comenzaron a realizarse foros sociales también a nivel continental, e incluso por países, potenciando todavía más el intercambio de ideas y experiencias.

En la tercera reunión del FSM, en 2003, a la que concurrieron 100.000 personas, se propuso la formación de una *Red Mundial de Movimientos Sociales*, con la idea de vincular las luchas de modo más permanente.

Desde hace algún tiempo, el FSM está recibiendo algunas críticas desde dentro del movimiento. Aunque no tiene ni pretende tener una línea política única, se cuestionan la persistencia de ciertas prácticas *jerárquicas* y poco transparentes dentro del FSM, y la convivencia con algunas organizaciones y ONGs que no buscan construir relaciones sociales no-capitalistas, sino "humanizar" al sistema actual. Aunque el FSM sigue siendo hasta el momento un evento productivo para los anticapitalistas, muchos comienzan a buscar espacios alternativos.

- **CONTACTOS**
  AGP: www.agp.org
  FSM: www.forumsocialmundial.org.br
  DAN: www.directactionnetwork.org

Un movimiento de movimientos: La Batalla de Seattle y los Días de Acción Global

Las redes de movimientos y organizaciones que resisten el capitalismo se multiplican y fortalecen día a día. Hay quienes creen que ya existe un *movimiento de resistencia global*, un verdadero "movimiento de movimientos" que, aunque incipiente, ya es capaz de coordinar acciones a nivel mundial.

La prensa suele llamarlo "movimiento antiglobalización", y a sus miembros "los globalifóbicos". Pero esto es un error. Casi nadie está en contra de la globalización en sí misma, sino sólo de la globalización *capitalista*. De hecho, muchos activistas prefieren llamarlo "movimiento global" o "alterglobalizador".

Los *días de acción global* (DAG) son un buen ejemplo de los inicios de la coordinación a nivel mundial. Un DAG es una acción organizada por *coaliciones* de grupos y movimientos de diversos rincones del globo, y que puede desarrollarse en varias ciudades al mismo tiempo, o concentrar manifestantes de todo el mundo en un mismo punto. Estas coaliciones reflejan los momentos en que las *redes laxas* que nos conectan cristalizan en un *foco de articulación* puntual para realizar una tarea específica.

Un buen ejemplo es la *Batalla de Seattle*, de noviembre de 1999. Durante un año, decenas de grupos trabajaron intensamente en la organización de una *acción directa* masiva: impedir la reunión de la *Organización Mundial del Comercio* (OMC), que traería más librecomercio y mayores sufrimientos para los trabajadores y los países más pobres. Muchos de los grupos participantes se articularon mediante grandes *Consejos de Voceros*, formados por varios cientos de personas que discutían y planificaban la acción en forma horizontal.

FINALMENTE, CERCA DE 40.000 MANIFESTANTES CONCURRIERON A SEATTLE.

Otro éxito de la *Batalla de Seattle* es que logró convocar una gran multiplicidad de sujetos sociales. Había allí sindicatos y grupos ecologistas, socialistas y anarquistas, trabajadores del Tercer Mundo y consumidores del Primero, campesinos y artistas, feministas e indígenas, de decenas de países diferentes, todos "unidos por un no y muchos sí." La *Batalla de Seattle* inspiró a miles de hombres y mujeres a profundizar las luchas en todo el mundo. Los siguientes días de acción global crecieron en entusiasmo y radicalidad.

LOS PRINCIPALES DÍAS DE ACCIÓN GLOBAL

- **Praga, 26 de septiembre de 2000,**
  contra la reunión del FMI y el Banco Mundial.

- **Quebec, 20-22 de abril de 2001,**
  contra la Cumbre de las Américas y el ALCA en Quebec.

- **Génova, 15-22 de julio de 2001,**
  contra la cumbre del Grupo de los Ocho.

- **15 de febrero de 2003:** millones marchan en cientos de ciudades
  de todo el mundo contra la guerra de Irak.

Las acciones
contra las
Cumbres han
obligado a los
poderosos a
reunirse tras
sólidos muros
o en lugares
de difícil acceso,
como la punta
de una
montaña
en Canadá,
o la autocracia
de Qatar.

Existe un debate acerca de los DAG. Algunos opinan que hoy ya no
sirven las acciones "anticumbres", y que ya no volveremos a lograr
el éxito de Seattle. Por el contrario, argumentan que el "movimiento
de movimientos" debería poner más energía en fortalecer
las luchas, las organizaciones y las redes *locales*.

- **CONTACTOS**
  Información general sobre acciones globales: www.protest.net
  Sobre Seattle: www.wtocaravan.org; Sobre Praga: www.x21.org/s26
  Sobre Quebec: www.a20.org; Sobre Génova: www.genoa-g8.org

Sin "programas", pero con ideas

En la prensa, los voceros de los poderosos a menudo dicen
que se trata sólo de una utopía, poco más que buenas intenciones,
sin propuestas concretas.

El nuevo anticapitalismo no tiene un "programa" único y cerrado,
y quizá nunca necesite tenerlo. Pero eso no significa que no tenga ideas
concretas acerca de cómo cambiar el mundo.

Ideas que circulan en las redes globales

En la incesante "conversación" a través de las redes globales, circulan muchas propuestas para cambiar el mundo de formas muy concretas. Algunas son promovidas sólo por los anticapitalistas; otras son compartidas incluso por los que sólo aspiran a crear un capitalismo "con rostro humano." Algunas podrían aplicarse hoy mismo; otras requieren construir primero un *contrapoder* que las sustente. Lo importante es que están allí, y que pueden dar respuestas a algunos de los problemas más acuciantes.

A continuación se exponen algunas propuestas concretas. Por supuesto, muchas de ellas no alcanzan para "cambiar el mundo" por sí solas. Pero es bueno mostrar que *también* existen propuestas de cambios *parciales*, que podrían tomarse en el corto plazo, y que si no se lo hace es sólo porque no conviene a los poderosos. Hacia el final de esta parte se incluirán algunos proyectos de cambio *integral*, para la creación de una sociedad no-capitalista sin explotación ni opresión.

Algunas propuestas de cambios parciales

REDISTRIBUCIÓN GLOBAL DEL INGRESO

Existen varias propuestas concretas para transferir inmediatamente ingresos de los países más ricos a los más pobres, y para detener al menos parcialmente la explotación del Tercer Mundo en el corto plazo.

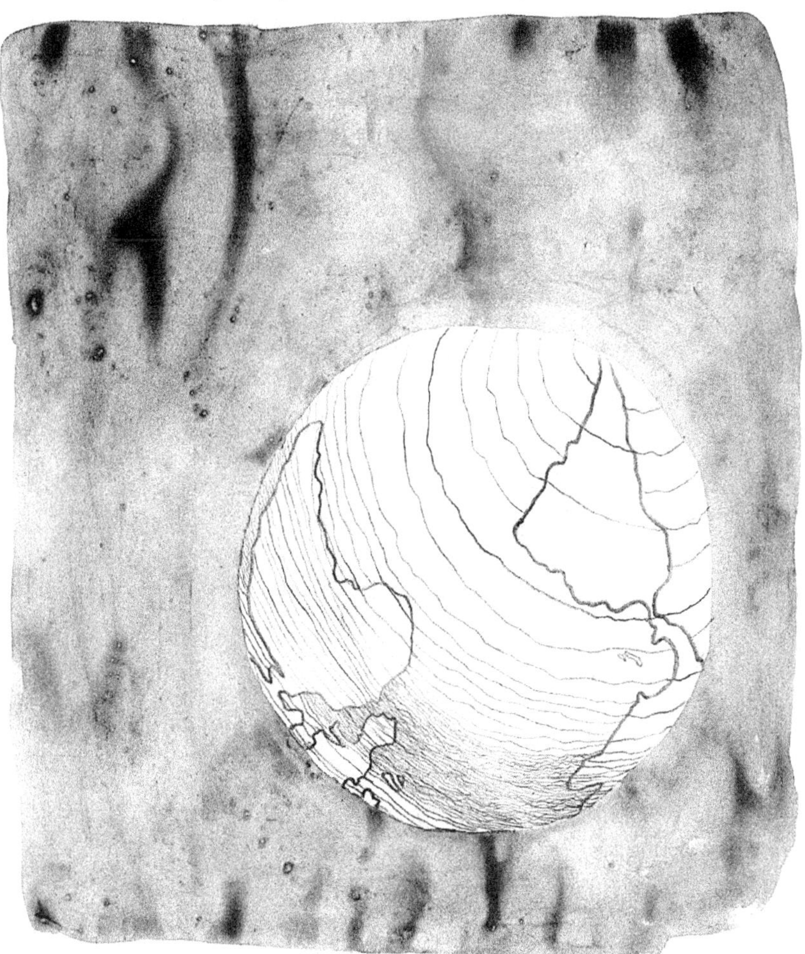

PROPUESTAS

- Cancelación inmediata de la deuda externa y abolición del FMI.
- Pautas de "comercio justo", para que los países ricos paguen un precio mayor por los productos del Tercer Mundo.
- Abolición de las "zonas de procesamiento de exportaciones" mediante las cuales las corporaciones aprovechan mano de obra semiesclava de los países más pobres.
- Creación de pautas laborales de aplicación *global* (prohibición del trabajo infantil, regulaciones referentes a la seguridad laboral y a la duración de la jornada de trabajo, etcétera).
- Sindicalización transnacional de los trabajadores, especialmente los que trabajan para una misma corporación, para evitar que las empresas presionen los salarios hacia la baja.

- **MÁS INFORMACIÓN SOBRE CAMPAÑAS EN CONTRA DE LA DEUDA EXTERNA**
  www.rcade.org
  www.jubileeresearch.org
  www.odiousdebts.org
  www.dialogo2000.org.ar/marcos_jub_sur.htm

CONTROL DE LOS MOVIMIENTOS DE CAPITAL

El libre movimiento del capital genera cada vez más sufrimientos a la gran mayoría de la humanidad. Existen varias iniciativas para cambiar esta situación en el corto plazo.

PROPUESTAS

- Creación de leyes que impongan restricciones a las transacciones financieras especulativas.
- Abolición de los "paraísos fiscales" y el secreto bancario. utilizados para evadir impuestos y para el "lavado" de dinero.
- Devolución a los trabajadores de la capacidad de decidir qué uso se les da a sus fondos de jubilaciones y pensiones. En muchos casos, estos fondos son hoy administrados por compañías financieras, que los invierten de formas que perjudican a los propios trabajadores.
- Creación de pautas de "ahorro responsable", que permitan a los ciudadanos indicarles a los bancos cómo invertir sus depósitos.

- **MÁS INFORMACIÓN SOBRE CONTROL DE LOS MOVIMIENTOS INTERNACIONALES DE CAPITAL Y COMERCIO JUSTO**
  www.bicusa.org
  www.globalexchange.org
  www.attac.org
  www.econjustice.net
  www.oxfam.org

SOLUCIONES PARA LA CRISIS AMBIENTAL

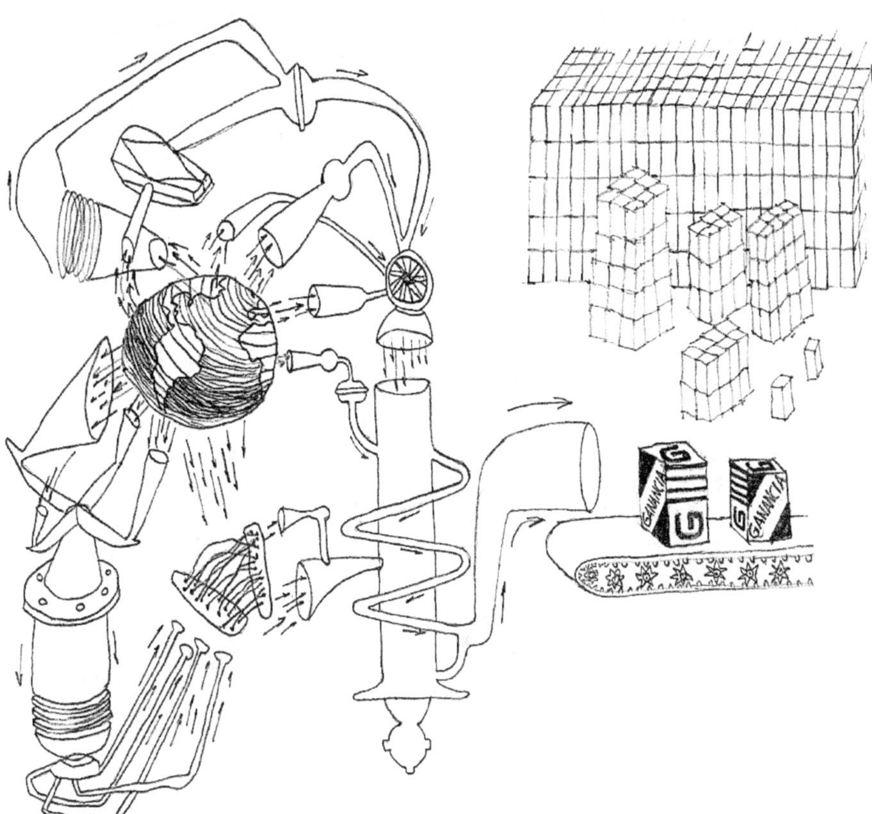

→ Existen numerosas iniciativas para detener el alarmante nivel de deterioro ambiental y avanzar hacia un tipo de *desarrollo sustentable*. Por ejemplo, el cobro de multas a los Estados que permitan la destrucción de los recursos naturales que son patrimonio de la humanidad (como el aire), o la creación de pautas impositivas y comerciales que fomenten el uso de productos que no sean nocivos para el ambiente. También hay quienes argumentan que las empresas deben hacerse cargo inmediatamente de los daños ecológicos que causan, y que la sociedad debe reclamar el derecho a decidir democráticamente qué tipo de tecnología y qué tipo de consumos deben ser permitidos. Algunos incluso sostienen posturas "primitivistas", que llaman a volver a pautas tecnológicas preindustriales.

Respecto de la agricultura, cada vez son más los que se oponen a las semillas transgénicas y al uso de fertilizantes y pesticidas químicos que arruinan la calidad de la tierra y la salud de los consumidores, además de incrementar la dependencia de los agricultores respecto de las grandes compañías transnacionales. También son cada vez más los que defienden la *soberanía alimentaria*, es decir, la capacidad de cada pueblo de autoalimentarse con base en la producción local. Muchos promueven incluso el empleo de tecnologías *agroecológicas* de pequeña escala, más intensivas en el uso de mano de obra que en el uso de capital.

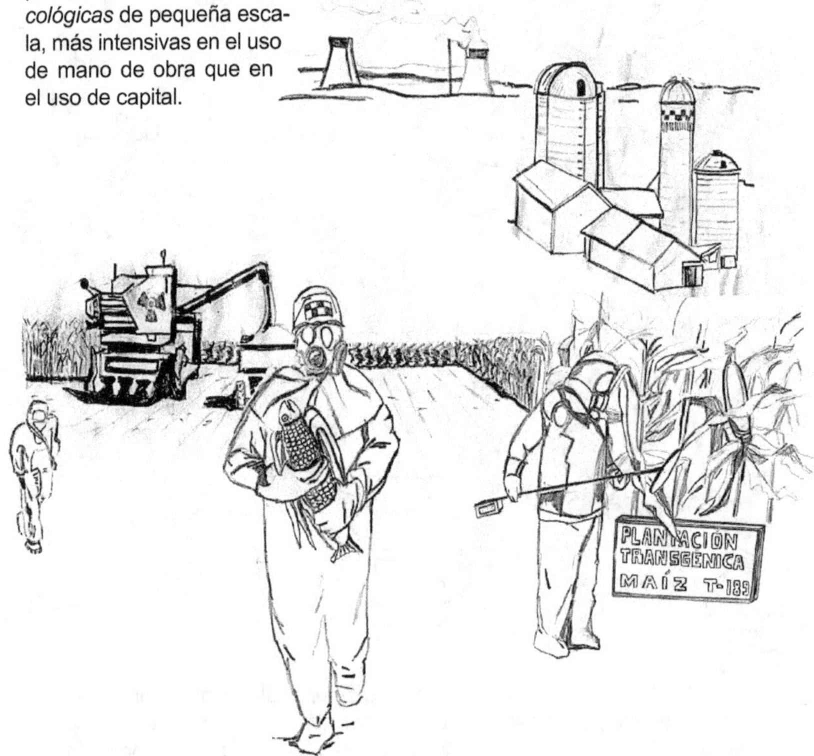

- **MÁS INFORMACIÓN SOBRE ECOLOGÍA**
  www.ambiental.net
  www.sindominio.net/ecotopia
  www.insurgentdesire.org.uk
  www.agroeco.org
  www.grain.org
  www.eco-action.org

SALARIO SOCIAL

Las sociedades actuales están en condiciones de garantizar un piso fijo de ingresos mensuales para todos, por el solo hecho de ser humanos, estén o no "empleados". De esta manera, los costos mínimos de la supervivencia estarían cubiertos.

• MÁS INFORMACIÓN SOBRE SALARIO SOCIAL
www.rentabasica.org

CIUDADANÍA GLOBAL

Significa la extensión de los derechos políticos y civiles a todos los hombres y las mujeres, sin importar en qué lugar hayan nacido. Todos los seres humanos deben gozar de tales derechos, independientemente del lugar donde se encuentren, y también de la libertad de circular y residir en cualquier parte del mundo. Esto supone la abolición del *apartheid* nacional, las restricciones fronterizas y el sistema de visas, pasaportes, etcétera.

DEMOCRACIA PARTICIPATIVA DEMOCRACIA DIRECTA

Existen varias propuestas de cambio de las instituciones representativas y del sistema electoral de partidos, para permitir mayores niveles de participación de la población. El *presupuesto participativo* aplicado en Porto Alegre y otras ciudades, que permite a los ciudadanos decidir directamente cómo gastar una parte del presupuesto municipal, es un buen ejemplo. Pero algunas propuestas van incluso más allá, y proponen formas de *democracia directa* sin delegación –especialmente en el ámbito municipal o regional– mediante sistemas de consejos o asambleas. Las propuestas de "municipalismo libertario", de Murray Bookchin, o de "política participativa", de Stephen Shalom, son particularmente interesantes.

- **MÁS INFORMACIÓN SOBRE DEMOCRACIA PARTICIPATIVA**
  www.oidpart.com
  www.zmag.org/shalompol.htm
  www.communalism.org
  www.social-ecology.org

FORMAS DE INTERCAMBIO NO-MERCANTIL

Gran parte de la producción actual, especialmente en los rubros de computación, diseño, comunicación, entretenimientos, cuidados personales, etc., se realiza colectivamente, y se transmite y almacena en forma digital, sin requerir costosos productos materiales. Es lo que se llama "trabajo inmaterial", que ocupa un lugar cada vez más importante dentro de la sociedad actual.

Muchos proponen hoy intercambiar los frutos del "trabajo inmaterial" en forma gratuita, liberándolos de las reglas del mercado y la propiedad privada. Existe un importante movimiento por el *software libre* y por productos *copyleft*, que son los que pueden copiarse e intercambiarse *gratis*, sin que nadie reclame un derecho de *propiedad* sobre ellos.

Por otro lado, distintos movimientos sociales están desarrollando formas de intercambio por fuera del mercado. Por ejemplo, en muchos sitios se está experimentando con *monedas locales* que fomentan la adquisición de bienes producidos localmente y en pequeña escala.

- **MÁS INFORMACIÓN SOBRE TRUEQUE, *COPYLEFT* Y *SOFTWARE LIBRE***
  www.fsfeurope.org
  www.free-soft.org
  www.gnu.org/philosophy
  www.trueque.org.ar

Algunas propuestas de cambio integral

Pero más allá de las propuestas de cambios *parciales*, ¿cómo organizar una sociedad libre e igualitaria, que no esté basada en la explotación y la opresión? El espíritu de la mayoría de los cambios parciales comentados recién aparece sintetizado en algunas propuestas de cambio *integral*, que apuntan a la creación de un tipo de sociedad enteramente organizada de acuerdo con pautas no-capitalistas.

El nuevo anticapitalismo busca construir una sociedad sin propiedad privada de los medios de producción, pero radicalmente diferente del modelo centralista, jerárquico y estatalista que propone la izquierda tradicional siguiendo el modelo soviético. Algunos han propuesto un *socialismo de mercado*, que combinaría mecanismos de mercado con formas más o menos descentralizadas de planificación estatal de la economía.

Otros rechazan totalmente la idea de que el mercado deba conservarse en un mundo no-capitalista, o que el Estado deba ocuparse de la planificación. Michael Albert (1947-), por ejemplo, ha diseñado un complejo modelo de *economía participativa* (o "*parecon*").

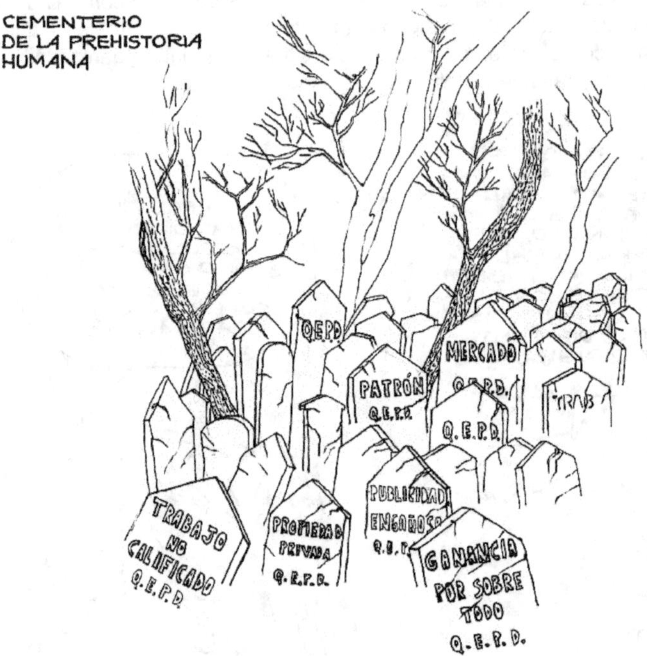

En una *economía participativa* no habría jefes, ni empresarios, ni propietarios privados. Todos los trabajadores recibirían una remuneración acorde con su esfuerzo, y compartirían el peso del trabajo pesado o aburrido. La planificación de la producción y el consumo serían realizados de forma democrática y descentralizada, sin utilizar mecanismos de mercado ni generar una burocracia dirigente. Cada trabajador y cada consumidor tomaría las decisiones de inversión, producción y consumo junto con sus compañeros, de forma *horizontal*. La *planificación participativa* estaría a cargo de los propios trabajadores y consumidores reunidos en un sistema de consejos que funcionaría tanto en el nivel de cada empresa y barrio, como en el nivel regional y nacional.

- **MÁS INFORMACIÓN SOBRE ECONOMÍA PARTICIPATIVA**
  www.lavaca.org/notas/nota379.shtml
  www.parecon.org

Final (abierto)

Para seguir leyendo

- José Seoane y Emilio Taddei (eds.): **Resistencias Mundiales: de Seattle a Porto Alegre**, Buenos Aires, Clacso, 2001.

- Michael Hardt y Antonio Negri: **Imperio**, Buenos Aires, Paidós, 2002.

- Mike Prokosch y Laura Raymond (eds.): **The Global Activist's Manual**, Nueva York, Thunder's Mouth Press, 2002.

- George Monbiot: **Anticapitalism: A Guide to the Movement**, Londres, Bookmarks, 2001.

- MTD Solano y Colectivo Situaciones: **La hipótesis 891: más allá de los Piquetes**, Buenos Aires, Ediciones De Mano en Mano, 2002.

- John Holloway: **Cambiar el mundo sin tomar el poder**, Buenos Aires, Herramienta, 2002.

- Naomi Klein: **No Logo**, Buenos Aires, Paidós, 2001.

- Naomi Klein: **Vallas y ventanas**, Buenos Aires, Paidós, 2002.

- Michael Albert: **Parecon: Life After Capitalism**, Londres, Verso, 2003.

- Starhawk: **Webs of Power: Notes from the Global Uprising**, Gabriola Island, New Society Publishers, 2002.

- Jeremy Brecher, Tim Costello y Brendan Smith: **Globalization From Below: The Power of Solidarity**, Cambridge (Mass.), South End Press, 2002.

- John Jordan y otros (ed.): **We Are Everywhere: The Irresistible Rise of Global Anticapitalism**, Londres, Verso, 2003.

- Ezequiel Adamovsky (ed.): **Octubre hoy: conversaciones sobre la idea comunista**, Buenos Aires, El Cielo por Asalto, 1998.

- Boris Kagarlitsky: **The Return of Radicalism**, Londres, Pluto Press, 2000.

- Hilary Wainwright: **Reclaim the State: Experiments in Popular Democracy**, Londres, Verso, 2003.

Más sitios para visitar

- **INFORMACIÓN GENERAL**
  www.nodo50.org
  www.lavaca.org
  www.rebelion.org
  www.zmag.org
  www.protest.net

- **TEXTOS DE AUTORES DE IZQUIERDA**
  www.acilbuper.com.ar
  www.marxists.org

Índice temático

- **LOS ANTICAPITALISTAS** **3**
¿Qué es el Capitalismo?, 4; **Una sociedad opresiva** (Poder; opresión; patriarcado), 5; **Una sociedad de clase** (Clase dominante; institución de la dominación), 6; **Las clases sociales bajo el capitalismo: la burguesía**, 8; **Las clases subalternas**, 10; **Lucha de clases: la crisis inherente del capitalismo**, 13; **Propiedad privada**, 15; **Mercancía, salario y mercado** (Plusvalía; coerción económica), 16; **La "acumulación originaria"** (Medios de producción; violencia), 18; **Un sistema mundial y expansivo**, 20; **Los Estados nacionales** (Nacionalismo; uniformización y división; unificación del mercado interno), 21; **El imperialismo** (Colonialismo; asimilación; racismo), 23; **La globalización** (Empresas transnacionales; Imperio), 24; **Expansión interna** (Privatización; mercantilización de la naturaleza y de la vida privada; consumo; moda), 26; **¿Y el Estado?** ("autonomía relativa"), 28; **Garantizar la acumulación** (Regulación de la economía), 29; **Asegurar la legitimidad** (Apariencia de neutralidad), 30; **El Estado es una de las funciones de lo social**, 31; **El Estado deriva de la sociedad**, 32; **Una máquina de separar y jerarquizar**, 33; **Sociedad global, derechos encerrados** (Ideología nacionalista; extranjería), 34; **Público y privado**, 35; **¿¡Pero por qué no lo cambiamos!?**, 36; **La falsa democracia**, 37; **No es el "gobierno del pueblo"**, 38; **Una dictadura del capital**, 39; **La hegemonía de la clase dominante**, 40; **La ideología del capitalismo** (Liberalismo; comunidad e individuo; derechos naturales), 41; **La cultura del capitalismo: individualismo**, 43; **Exitismo, productivismo, consumismo**, 44; **Conformismo y pasividad**, 45; **¿Un sistema total?**, 46.

- **DE LA RESISTENCIA AL ANTICAPITALISMO** **47**
Un poco de historia, 48; **La "revolución" del Humanismo** (Trascendencia e inmanencia; modernidad), 50; **Rebeldes, utopistas, ilustrados y románticos**, 52; **Nace la tradición revolucionaria: La Revolución Inglesa**, 54; **La Revolución Francesa**, 55; **Los ecos de la Revolución: antirracismo, autodeterminación nacional y feminismo**, 57; **El sistema industrial: El proletariado entra en escena**, 59; **Nace la tradición**

socialista, 60; **El anarquismo**, 62; **El marxismo**, 64; **La Primera Internacional**, 66; **Los primeros partidos socialistas** (La Segunda Internacional), 67; **¿Reforma o revolución? La socialdemocracia se divide**, 68; **La Revolución Rusa, primera revolución anticapitalista**, 70; **Los bolcheviques en el gobierno**, 72; **El leninismo** (La Tercera Internacional), 73; **Los herederos del leninismo: estalinismo y trotskismo** (La Cuarta Internacional), 74; **El maoísmo**, 75; **El guevarismo o foquismo**, 76; **Los Movimientos de Liberación Nacional**, 77; **El fracaso del proyecto comunista**, 78; **El fracaso del proyecto socialdemócrata**, 80; **El fracaso del proyecto de la liberación nacional**, 81; **El avance del neoliberalismo y el "fin de la historia"**, 82; **El surgimiento de un nuevo anticapitalismo**, 83.

- **DIEZ DIFERENCIAS ENTRE LA IZQUIERDA TRADICIONAL Y EL NUEVO ANTICAPITALISMO 85**
1. ¿Tomar el poder? (Biopoder; contrapoder; antipoder), 86; **2. Autonomía** (Poder-sobre; poder-hacer; potencia, posse; resistencia; heteronomía), 90; **3. La revolución es hoy** ("Comunismo aquí y ahora"; acontecimiento), 94; **4. Horizontalidad** ("Centralismo democrático"; representación-sustitución; vanguardia; sectarismo; medios y fines), 98; **5. Estructuras en red** (Centralización; nodo; creatividad; alianzas; rizoma; acumulación-multiplicación), 102; **6. Multiplicidad** (Sujeto; pueblo, clase obrera y multitud; negociación de diferencias; reconocimiento mutuo; consenso), 106; **7. Una política para cada situación** (Programas, modelos y consignas; experiencia; verdad "objetiva" y "no saber"), 111; **8. Globalización de las luchas** (Internacionalismo; Imperio; local/global, la cultura nacional), 116; **9. Acción directa y desobediencia civil** (Pluralidad de tácticas; legitimidad de las prácticas), 119; **10. Creatividad y alegría** (Cultura de la guerra/cultura de la creación; vida privada; "frivolidad táctica"; arte y política), 122.

- **MOVIMIENTOS, REDES Y ACCIONES DEL NUEVO ANTICAPITALISMO** **125**
Los pueblos originarios abren el juego: Los zapatistas (Acción Global de los Pueblos), 126; **Los campesinos defienden su modo de vida: el Movimiento Sin**

Tierra y Vía Campesina, 130; **Los trabajadores se niegan a vivir en la exclusión: los Piqueteros y las Fábricas bajo control obrero**, 133; **Las mujeres contra la explotación y el patriarcado: la Marcha Mundial de Mujeres**, 136; **Los ecologistas defienden el planeta y los espacios públicos: Salven al Narmada y Reclaim the Streets**, 138; **Los inmigrantes desafían las fronteras y el racismo: la red No Borders**, 141; **Los pobres resisten las privatizaciones: el Foro Contra las Privatizaciones**, 143; **Comunicación alternativa: del arte político y la "guerrilla simbólica" a Indymedia**, 145; **Construyendo redes de comunicación y de acción: el Foro Social Mundial y otras experiencias**, 148; **Un movimiento de movimientos La Batalla de Seattle y los Días de Acción Global**, 151.

- **SIN "PROGRAMAS", PERO CON IDEAS** 155
Ideas que circulan en las redes globales, 156; **Algunas propuestas de cambios parciales**, 157; **Redistribución global del ingreso**, 157; **Control de los movimientos de capital**, 159; **Soluciones para la crisis ambiental**, 161; **Salario social**, 163; **Ciudadanía global**, 163; **Democracia participativa/Democracia directa**, 164; **Formas de intercambio no-mercantil**, 165; **Algunas propuestas de cambio integral**, 167.

- **FINAL (ABIERTO)** 169

- **PARA SEGUIR LEYENDO** 170

- **ÍNDICE DE NOMBRES** 174

Índice de nombres

Albert, Michael: 168.

Allende, Salvador: 39.

Bakunin, Mikhail: 28, 63, 66.

Bernstein, Eduard: 68-69.

Bookchin, Murray: 164.

Campanella: 52.

Carlos I: 54.

Deleuze, Gilles: 104.

Diderot, Denis: 55.

Engels, Friedrich: 65, 67.

Foucault, Michel: 40, 87.

Fourier, Charles: 61.

Fukuyama, Francis: 82.

Gouges, Olympe de: 58.

Gramsci, Antonio: 40.

Guattari, Félix: 104.

Guevara, Che: 76.

Hardt, Michael: 25, 117

Hobsbawm, Eric: 22.

Holloway, John: 32, 90.

Jordan, John: 103.

Kautsky, Karl: 67, 73.

Klein, Naomi: 111.

Kropotkin, Piotr: 63.

Lenin, Vladimir: 72-73, 78-79.

L'Ouverture, Touissaint: 57.

Luis XVI: 56.

Luxemburg, Rosa: 69.

Marcos, Subcomandante: 102, 108, 110, 115, 127, 129.

Marsilio de Padua: 51.

Marx, Karl: 14, 17, 28, 41, 42, 64-68,

Moro, Tomás: 52.

Muntzer, Tomás: 52.

Negri, Antonio: 25, 50, 90, 96, 117.

Nyerere, Julius: 77, 81.

Owen, Robert: 61.

Palme, Olof: 80.

Proudhon, Pierre-Joseph: 62.

Reagan, Ronald: 82.

Rousseau, Jean-Jacques: 55.

Shalom, Stephen: 164.

Stalin, Iosiv: 74, 78.

Thatcher, Margaret: 82.

Trotsky, Lev: 74, 78.

Zapata, Emiliano: 70.

Zedong (o Tse-Tung), Mao: 75.

Agradecimientos

Este libro no habría sido posible sin todas las personas extraordinarias con las que tuve la oportunidad de compartir experiencias de militancia. En especial, mis compañeros de la *Asamblea Popular Cid Campeador*, junto a quienes aprendí la mayoría de las cosas que ofrezco en este libro. Mis compañeros de activismo en *Intergaláctika* y en la revista *El Rodaballo*, también fueron una fuente permanente de inspiración.

Agradezco especialmente a los Ilustradores Unidos por su talento y dedicación.

Dejo constancia de que les he robado más de una idea a mis amigos Horacio Tarcus, Martín Bergel y Franco Ingrassia.

E. A.

Ilustradores Unidos quiere agradecer a Pitu, a Zulema, a Laura, Intergaláktika, y a los compañeros del Taller Popular de Serigrafía por su generosa colaboración y apoyo.

Dedicamos este trabajo, y también agradecemos, a los grandes protagonistas de las luchas anticapitalistas en nuestro país, en particular a las asambleas, a los movimientos de desocupados, a los trabajadores de las fábricas recuperadas y a todos aquellos que se manifiestan en las calles.

Los autores

Ezequiel Adamovsky (Buenos Aires, 1971) es activista y escritor anticapitalista. Ha publicado artículos y ensayos en diarios y revistas de la Argentina y de otros países. Participó como expositor en diversos talleres y encuentros políticos y académicos.

En 1998, obtuvo el título de Licenciado en Historia en la Universidad de Buenos Aires, y actualmente concluye estudios de Doctorado en la Universidad de Londres.

Ilustraron este libro Leo Rocco, Diego Posadas, Pablo Rosales, Magdalena Jitrik, Horacio Abram Lujan y Mariela Scafati, artistas visuales que integran, a su vez, el Taller Popular de Serigrafía, grupo que se reunió al calor del movimiento político y social que surgió de la rebelión popular de diciembre de 2001, para estampar imágenes de apoyo y acompañamiento artístico y político de todo tipo de manifestaciones.

www.ingramcontent.com/pod-product-compliance
Lightning Source LLC
Chambersburg PA
CBHW061344250726
48657CB00004B/1314